看，

国宝

吴文化博物馆 编

陈曾路 主编

吴地文物

再想象

北京大学出版社
PEKING UNIVERSITY PRESS

编辑委员会

主　　编	陈曾路			
执行主编	陈小玲			
撰　　稿	徐　坚	罗依尔	姬美娇	马鸣远
	郭笑微	宁振南	高　超	章　璐
统　　稿	李　爽			
图　　片	陈　旸	陈汉煜	徐旭峰	李　季
	张　蘭	谈博闻	施皓敏	刘了了
	莫剑毅	马鸣远		

目录

序言

对于物的观看，我们大体上经历了从景观到奇观、从凝视到浏览的转变，这与消费社会视觉化转向对意义输出领域的全面占领有关。然而，在这样一个图像思维与视觉符号盛行的时代，我们却很难在随机场景里看到文物的图像，总体而言，文物的视觉隶属于特定的空间。物理距离影响心理距离，既然看不见，就更难理解文物的文化价值及审美价值。

国宝，需要被看见。

而国宝以何种形象及质态被看见也很重要。传统的视觉呈现和叙事话语可以为受众提供一种相对专业的解读，但在某种程度上也限制了个体对国宝更为能动的理解。这让想象具有合理性。通过想象，我们得以建立某种联结，传统与现代、过去与未来、人与物、时间与空间……这些联结为我们更好地认识国宝提供了更加丰富的可能性，也让每一个人在国宝解读面前至少拥有权利上的平等。

国宝，需要被想象。

以九件馆藏文物为依托，吴文化博物馆联合策展人罗依尔与八位青年艺术家对吴地文物进行再想象与再创作，用完全不同的方式"看，国宝"，共同开启一段关于国宝再想象的旅程。

作为思想温床和多元论坛的博物馆：收藏物，也制造物，也制造思想

徐坚

一、博物馆在物的生命史中的位置

物是有生命的，而且生命并不仅意味着自然生命，更包括远远超出自然生命的社会生命。在对洛阳金村遗物个案分析的基础之上，借助阿帕杜莱和科比多夫的"物的社会生命"的观念，我曾经提出物的多重意义，每一种意义都针对物的特定生命环节。物的"言前之意"指物的生产过程的意义，基本表达物的功能性价值，也传递生产者的立场、观念和判断。"言面之意"和"言下之意"指物使用过程的意义，由于涉及不同类型的行为者，以及社会规范的影响，物的意义常常表现出表层和内里、所言和所示，以及在不同的情境下阅读等造成的差歧。"言后之意"指物脱离了原本的使用环境，被其他的情境，尤其是时间意义上的后世的使用者，重新调用而产生的全新意义。尽管这勾勒出物的生命史的基本模式，但是物的真正生命史是这些片段复制、叠加和变形的结果，因而显得千变万化、精彩纷呈。这构成了我们认识博物馆中的物的来历和走向的基础。[1]

博物馆是物的场域。传统上，博物馆被认为是生命已逝的物的永恒之地；这个认识直接导致传统博物馆面临困境。从"言前"到"言面"和"言下"，物是"活"的；而到"言后"之意，物已经"死"了。至少在现代意义的博物馆诞生之后两个多世纪里，社会公众甚至博物馆人都是这样认为的。博物馆里的物被认为是历史尘封已久，早已形成定论的证据。进入博物馆中的物是被封裹的，无需再与博物馆人、博物馆观众及社会发生任何接触，也不会有任何化学反应，物的"言后之意"就这样被忽略了。

然而，博物馆不是这样的场域。如同博物馆学先驱乔治·古德所称，博物馆是"摇篮"而不是"坟场"，博物馆应该成为推动社会进步的思想的温床。[2] 但是，博物馆怎么做到这一点？博物馆人需要等到数十年之后才能找到突破口。在答案露出苗头之前，博物馆人的种种呼吁，从约翰·达纳呼吁博物馆要像百货公司，到乔治·巴泰尔立志要让博物馆成为都市之肺，博物馆的种种立场表达，从亲近儿童到不忘教育，都只是表面而权宜的。[3]因为博物馆中的物是坚硬的、笃定的、与当下现实无关的，因此，无论是像百货公司，还是像游乐场，能够改变的只是物的包装技巧。事实上，今天很多博物馆贴近生活、贴近观众的举措仍然是这种思路的产物。

"摇篮"还是"坟场"的解答，其实存在于"神庙"还是"论坛"的选择中。1971年，卡梅隆·康恩提出"博物馆究竟是神庙还是论坛"的问题，更直观地区分出两种博物馆：一种是自上而下，单向度教诲和被动接受的神庙类型博物馆；另一种则是自下而上，多元表达和妥协的论坛类型博物馆。[4]论坛类型的博物馆重新发现了博物馆观众的主体性和能动性，并且主动成为不同类型的博物馆观众的代言表达机构。博物馆并不是陈列笃定的"言前之意"和"言面、言下之意"的场所，博物馆试图寻找唯一正确答案式的"言前之意"和"言面、言下之意"的努力也是徒劳的。究其原因，博物馆中的"物"并没有"死去"，而是在不断的阐释和再释过程中永生。"言后之意"对"言前之意"和"言面、言下之意"进行重新洗牌，使博物馆之物重新变得灵活，变得不确定起来。这种不确定性就是转瞬即逝的社会思想。物质不死，这是博物馆存在的价值，也是博物馆走向未来，仍然能够成为未来社会中不可或缺的部分的理由。

二、博物馆里物的变迁

博物馆被视为"坟场"还是"温床"，"神庙"还是"论坛"，取决于物的博物馆化。博物馆化分别是物理变化和化学变化。在"坟场"或者"神庙"

类型博物馆中，物的意义被认为是客观的、确定不移的，是由"言前之意"和"言面之意"构成的，只需要等待被博物馆人和观众发现。而在"温床"或者"论坛"类型博物馆中，物的意义则是流动的、变化不定的，需要与物拥有各种关系的人们集体创造出来。

如果我们套用韦伯的术语，将物的意义称为魅的话，作为纪念性空间，博物馆就是天然的赋魅场所。然而，博物馆的赋魅并不是一次性和单向度的。我们不妨以数件吴文化博物馆馆藏文物为例，阐明博物馆中物如何赋魅。

朱碧山银槎杯被视为吴文化博物馆的镇馆之宝，是目前存世的四件朱碧山款银槎杯之一。存世的四件银槎皆署年"元至正乙酉年"，都采取老者端坐枯枝为形象，但是具体尺寸和形态上又有所区别，工艺上兼用铸、焊、刻、磨等技术，功能机巧，确如文献所称"所制酒器，极精巧"。朱碧山见于陶宗仪《南村辍耕录》，被称为"浙西银工之精于手艺，表表有声者"，到明代中晚期后名声日隆，而到清代康熙之后，朱碧山款银槎杯深受内廷和私人收藏的追捧。无论在"言前之意"还是"言面之意"上，朱碧山银槎杯都表现出非比寻常的价值。

馆藏良渚时期的刻画兽面纹灰陶罐则是另一种情形。这件出自澄湖遗址的平底陶罐本是一件稀松平常的器物，肩部起凸棱，上有四对穿孔，可能供系挂用。但是，器表的一组刻画图案将其与大多数陶罐区分开来。器表刻画了一组动物纹样，发掘者曾推测为猫、鸟、蝴蝶、蛇与鸡，但博物馆定名为兽面，如果和瑶山以及反山玉器的刻画纹样进行比较的话，博物馆定名更为准确，而且澄湖陶罐正是未来成为良渚文化标志的兽面纹样形成过程中的一个环节。澄湖陶罐纹样刻画得奔放而率性，看起来像是不断尝试的艺术创新过程的一刻。澄湖陶罐的"言前之意"和"言面之意"都是稀松平常的。

当年代、材质、艺术成就和文化价值都截然不同的两件作品都成为吴文化博物馆的代表性馆藏时，我们就会发现"言前之意"和"言面之意"都不是认定博物馆中物的价值的必要条件。更为有趣的是，无论朱碧山银槎杯还是澄湖陶罐，都是意外发现的结果。朱碧山银槎杯出自苏州社光的一座墓葬中，经藏书文化站上缴。澄湖陶罐是 1974 年澄湖遗址发掘中采集得到的。因此，两者的"言前"和"言面"之意都是通过"言后"过程揭示出来的。然而，"言后"究竟是物理过程还是化学过程？作为"坟场"或者"神庙"的博物馆相信是前者，因此认为只需要如实陈列，物本身的意义，无论是制作过程的"言前之意"还是使用过程的"言面之意"都能准确地呈现出来。相信艺术是客观而真实的美术馆大多采用被称为"白盒子"的展陈策略。而信奉博物馆是"温床"或者"论坛"的博物馆人则相信所有的物的意义都是通过"言后"的化学反应才能获得的，而且不同的化学过程将获得不同的意义。澄湖陶罐上究竟是一个抽象兽面，还是一组动物纹饰，不同的认定将赋予陶罐以不同的历史地位，也将决定这件陶罐在展厅中的位置。同样，传为元代银匠的朱碧山在陶宗仪的笔下，在晚明苏州士人笔下，在清代康熙时期的收藏家笔下都呈现出不同的面相。正由于"言后"的重组，博物馆中来自遥远的历史深处的物才会折射出契合当代精神的价值。

因此，在"温床"或者"论坛"类型的博物馆中，赋魅不是一个一蹴而就的过程，也不存在唯一的物之魅。在赋魅的过程中就必然伴随着祛魅，剥离其他的"言后之意"的改造。我曾经用类似的"去情境化"和"再情境化"描述这个过程。当物被纳入博物馆时，产生它的"言前"和"言面、言下"之意的情境都被剥离开；物被重新安置在博物馆情境之中，不管是通过白盒子方式还是通过沉浸的方式，物重新获得情境。祛魅和赋魅是循环往复、无始无终的，这也就构成了当下的让国宝活起来的理论基础。

〔1〕 徐坚：《从金村出发：告别器物学，走向生命史》，《文艺研究》2020年第12期，第147—158页。

〔2〕 George Goode, *The Principles of Museum Administration*, York: Coultas and Volans, 22, 1895.

〔3〕 John Dana, "The Gloom of the Museum," in Anderson, *Reinventing the Museum: the Evolving Conversation on the Paradigm Shift*, Lanham: AltaMira Press, 2012: 17-33; George Bataille, *Museum*, trans by Annette Michelson, October, 36: 25, 1986.

〔4〕 Cameron Duncan, "The Museum, a Temple or the Forum", *Curator: the Museum Journal*, 14.1, 1971.

从吴文化博物馆藏朱碧山银槎杯
看"仙人乘槎"形象的演变

高超

    苏州吴文化博物馆藏有一件设计精巧、造型奇特的银槎杯（图1），槎杯使用白银制成，整器斜长22厘米，宽约7.5厘米，高11.4厘米，腹空。槎杯的背尾阴刻"至正乙酉朱碧山造"八字铭文（图2），可知该器为公元1345年元代银工朱碧山所制作。[1]槎杯以仙人乘槎游天河的神话故事为题材，将酒杯巧制成树槎形的一叶扁舟，槎上一老人背靠槎尾倚坐，长须髯髯，双目注视远方，一手抚膝，另一手撑于槎面，前部有一开口，以作盛酒之用。该银槎杯出自乾隆年间刑部尚书、苏州人韩对墓中，1974年被吴县文物工作人员征集。[2]1994年被评定为国家一级文物，2020年苏州吴文化博物馆成立并对外开放，由吴中区文物管理委员会移交吴文化博物馆，进入博物馆的基本陈列中。

    目前传世且得到公认的朱碧山作品仅四件，皆为银制槎杯，除了吴文化博物馆收藏的这件以外，其他三件分别收藏于北京故宫博物院、台北故宫博物院以及美国克利夫兰艺术博物馆。吴文化博物馆的这件朱碧山银槎杯是唯一一件出土文物，尤显得珍贵。

"仙人乘槎"形象的演变

（一）"仙人乘槎"与"张骞乘槎"合流期

    槎，通"查"，意为"水中浮木"[3]，即漂浮水上的带枝杈枯木，因可

图1 吴文化博物馆藏朱碧山银槎杯

图2 "至正乙酉朱碧山造"铭文

载人而行，后被用作木筏的代称。古代，滨海地区水天相接的自然景观容易让人们误认为天上的天河与陆地以外的大海是相通的，因此海边的居民常有心寻找天河。因此，人们将这种神奇的能够往来于海上和天河之间的木筏飞行物称为浮槎、仙槎、海槎、星槎等。目前主流认识中"仙人乘槎"的人物形象是汉代"凿空"西域的张骞，但是究竟何时"仙人乘槎"和"张骞穷河源"故事串联形成"张骞乘槎"典故，目前学界并没有定论。

"仙人乘槎"典故最早见于西晋张华（232—300）所著《博物志》一书："旧说云天河与海通。近世有人居海渚者，年年八月有浮槎去来，不失期。人有奇志，立飞阁于查（槎）上，多赍粮，乘槎而去。十余日中犹观星月日辰，自后茫茫忽忽亦不觉昼夜。去十余日，奄至一处，有城郭状，屋舍甚严。遥望宫中多织妇，见一丈夫牵牛渚次饮之。"[4]记载的是海边一居民乘槎泛海漂去，遇牛郎织女的奇遇故事，"旧说云"说明该传说在书中记载之前就已经产生，但故事并未与"张骞"或者"穷河源"产生联系。"张骞穷河源"一事最早见于《史记》，[5]书中对张骞通西域到达黄河源头仅作一种客观事实的描述，并未与乘槎遇牛郎织女相联系，更谈不上任何神迹色彩。

东晋王嘉（？—390）所作的神话志怪小说集《拾遗记》中记载有"贯月槎"的典故："尧登位三十年，有巨查浮于西海，查上有光，夜明昼灭。……查常浮绕四海，十二年一周天，周而复始，名曰贯月查，亦谓挂星查。羽人栖息其上。群仙含露以漱，日月之光则如暝矣。"[6]说明在东晋时期，这类通天的"巨槎"已经和具有浓厚神性的"羽人"相联系，神话传说色彩也愈加浓厚。

宋代《太平御览》中保存了南朝刘义庆《集林》中的一则故事："昔有一人寻河源，见妇人浣纱，以问之，曰：'此天河也。'乃与一石而归。问严君平，君平曰：'此织女支机石也？'"[7]说明刘义庆（403—444）在著《集林》时故事的主角显然还未明确，"仙人乘槎"和"张骞穷河源"还属于两个单独的故事，但两个故事的目的都已经明确为"寻河源"之事，为以后两个故事的合流做出了铺垫。

到南朝的庾肩吾（487—551）和庾信（513—581）父子时，本来没有名字的"居海者""一人"等开始被冠以"汉使"称谓，如庾肩吾《奉使江州舟中七夕》："天河来映水，织女欲攀舟。汉使俱为客，星槎共逐流。"[8]庾信《七夕》："牵牛遥映水，织女正登车。星桥通汉使，机石逐仙槎。"[9]通过"汉使"和"寻河源"很自然地让人联想到张骞受汉武帝命令寻找黄河源头的事情。最终在南朝宗懔（502—565）所著《荆楚岁时记》中就有了"张骞寻河源，所得槎机石示东方朔"[10]的故事，书中将故事主角的形象具体化，正式明确为西汉通西域的张骞。

清代刘廷玑在《在园杂志》中收录了南朝谢灵运（385—433）所作的《青莲》[11]一诗，诗中"我道玉衡邀，织女则不乐。昔日张骞槎，怪他恩恩过"提到了"张骞槎"一词。如果《青莲》一诗真的是谢灵运所作，应该是目前已知最早张骞槎的记录。但刘廷玑在《在园杂志》中所录的这些诗文是"浙东单友"以"扶乩之技""倾刻画沙，诗词不下数百"仅存的"数十首"[12]，"扶乩"是古代的一种迷信的占卜方法，刘廷玑在书中将《青莲》认作谢灵运所作显然不具有科学性，因此将仙人乘槎中的仙人形象认为是在谢灵运所处时代，即公元385年到433年之间已转变成张骞的说法并不具说服力。

由此，我们基本可以了解，"仙人乘槎"故事的产生应不晚于张华所处的西晋，其中仙人形象附会为通西域的张骞的时间约是在南北朝时期，更具体的时间应是南朝刘宋朝到萧梁朝的一百余年间。这一时期政权更迭频繁，社会动荡，为产生于东汉末年的道教进一步传播提供了土壤。道教通过描述仙界的存在证明得道成仙的可能，带动泛海、游仙之类的故事风行。道教在传播过程中将著名的历史人物与得道成仙之说相融合，显然可以让这一类传说更具有说服力，更加吸引人们相信。

（二）形象使用的高潮期

隋唐时期是"张骞乘槎"之说的高潮期。由于唐朝的皇帝姓李，和道教的教主李耳同姓，因此唐朝的统治者为了借神权巩固和提升皇权，往往以老子后裔自居，积极推广道教，并在教义中援佛入道，促进佛教和道教并行发展，而"张骞乘槎"故事的奇幻性无疑迎合了当时统治者的这样一种需求。

同时，"张骞乘槎"故事的传奇性与神话浪漫主义色彩完美贴合唐代文学中的猎奇文风，使得这一时期无论是在上层社会的赋诗作文，抑或是面向普通大众的民间文学作品中，这一典故都广泛出现，当时的文人借此传达一种翱然物外的洒脱与理想情怀。诗圣杜甫就有"乘槎断消息，无处觅张骞"（《有感五首》）、"途中非阮籍，槎上似张骞"（《秋日夔府咏怀奉寄郑监审李宾客之芳一百韵》）[13]之句。正是唐代文人的演绎，使得"仙人乘槎"中的仙人形象与张骞进一步融合，并得以更加广泛地流传。但在唐代后期，"张骞乘槎"之说的盛行也使得当时的文人开始思考这一故事的真实性，如李肇、赵璘在《唐国史补·因话录》中就曾对"张骞槎"的真伪表示质疑，认为前人诗文中使用"张骞槎"称呼是因为"相袭谬误"，且"纵出杂书，亦不足据"[14]。

（三）转变期

宋元以降，随着文人绘画艺术的兴起，人物故事题材的作品日渐增多，"张骞乘槎"典故也呈现出由文学作品到现实具象化的转变，其图案开始在工艺美术品上流行起来。

北宋时期，其形象开始以平面纹饰加以表现，如画家李公麟就曾以"张骞乘槎"故事为原型绘制过《东坡乘槎图》，可惜此画未能流传下来，仅在南宋周紫芝的《李伯时画东坡乘槎图赞》一文中有过记录。[15]目前发现最早的此类题材形象的使用实例是 2005 年浙江温州山前街建筑工地出土的北宋青釉浮雕乘槎执壶（图 3），壶的腹部前后各有浮雕"张骞乘槎"图。[16]有意思的是，该壶上两幅图案人物形象具有明显不同的特征，一面刻划的是一位饱经风霜的老者形象，方脸，满脸络腮胡，双目细长，炯炯有神；另一面却是一壮年人物形象，圆脸，少须，侧身但双目正视，镇定自若。可以看出壶上张骞和浮槎的形象都较为抽象，略显简单，明显处于图像使用的初始阶段。

南宋时期，"张骞乘槎"形象开始变得细腻且愈加生动。江西九江瑞昌市博物馆藏有一面 1986 年杨林湖基建工地出土的南宋"仙人乘槎"纹饰铜镜（图 4），镜纹内区为一人物乘坐树槎在波涛起伏的大海中行驶纹饰，外区为象征黄道十二宫的十二座亭形小宫环绕，内有人物、动物等纹饰。[17]2004 年日本根津美术馆曾举办一场名为"宋元之美——以传来漆器为中心"的展览，展出了一件直径 19.8 厘米，由黑、赤、黄三色漆错施漆层后剔出不同颜色图像的南宋堆黑张骞铭漆盘[18]（图 5），盘中心的右侧正是一幅"仙人乘槎"的图案，仙人形象生动传神。

通过对比可以看出，南宋时期的"张骞乘槎"形象相较于北宋青釉浮雕乘槎执壶上的图案显得更加生动且成熟，与故宫博物院收藏的元代朱碧山所制槎杯上的"仙人乘槎"形象颇为相似，推测朱碧山"仙人乘槎"应借鉴过此类装饰图案。

元代"张骞乘槎"故事和世俗社会生活进一步融合，多次出现在面向市井百姓的杂剧中，如马致远《江州司马青衫泪》中"他便似莽张骞天上浮槎，可原来不曾到黄泉下"，郑光祖《迷青琐倩女离魂》中"赶王生柳外兰舟，似盼张骞天上浮槎"，刘君锡《庞居士误放来生债》中"我不比那汉张骞，泛浮槎探九曜星台"，王伯成《李太白贬夜郎》中"流落似守汨罗独醒屈原，飘零似浮泛槎没兴张骞"等。而且这一时期"张骞泛槎"形象更是以饱满立体的槎形

图3　北宋青釉浮雕乘槎执壶　温州博物馆藏

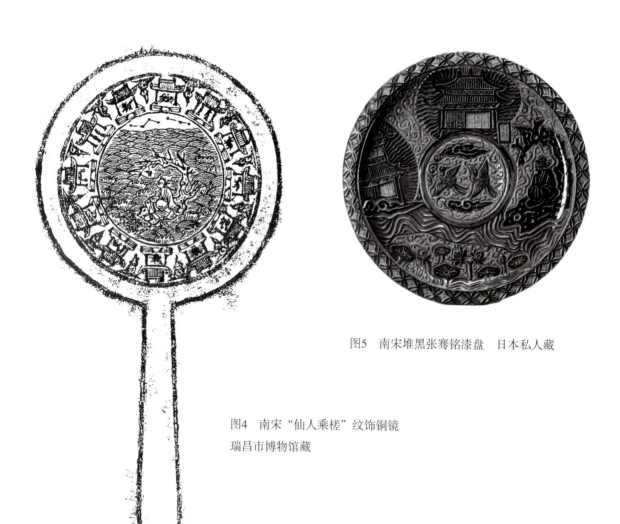

图5　南宋堆黑张骞铭漆盘　日本私人藏

图4　南宋"仙人乘槎"纹饰铜镜
瑞昌市博物馆藏

图6　元代张骞浮槎玉洗　旧金山亚洲艺术馆藏

器物呈现，出现了朱碧山银槎杯、张骞浮槎玉洗[19]（图6）这样技巧繁复、极富浪漫主义特征的工艺珍品。

（四）鼎盛期

明清时期是"仙人乘槎"形象使用的蓬勃期。这一时期随着社会经济的发展，市民阶层逐渐形成，文人阶层迅速扩大，逐渐成为引领时尚的主体。文人崇尚高雅，讲究品位，喜欢寄情于物，因此"仙人乘槎"形象被大量运用在书画、瓷器、玉器、犀角器、竹木器等工艺美术品中，槎形器物更是大量出现，其中以槎形酒杯为主，如明末犀角镂雕花木人物槎杯[20]、故宫博物院收藏的

图7　犀角镂雕花木人物槎杯
　　　故宫博物院藏

图8　犀角雕仙人乘槎杯
　　　故宫博物院藏

图9　尤通犀角槎杯
　　　故宫博物院藏

图10　镂雕花木老人犀角槎杯
　　　　故宫博物院藏

图11　鲍天成制犀角雕浮槎杯
　　　　上海博物馆藏

图12　仙人乘槎犀角杯
　　　　扬州博物馆藏

明晚期至清早期犀角雕仙人乘槎杯[21]、清代尤通犀角槎杯[22]、清代镂雕花木老人犀角槎杯[23]，上海博物馆收藏的明代鲍天成所制犀角雕浮槎杯[24]，扬州博物馆收藏的明代仙人乘槎犀角杯[25]（图7—图12）等。这些槎形酒杯，造型古雅、刻画纤丽、十分珍贵，在贴合典故传说的同时，也传达出一种与朋畅饮的欢愉之情。

不仅如此，这一时期"仙人乘槎"形象还与中国传统文化中的仙人祝寿题材相融合，借此传达"寿诞绵绵，长生不老"的美好愿望。如故宫博物院收藏的清中期"麻姑献寿仙槎"竹根雕[26]，苏州博物馆收藏的清道光年间"粉彩诸仙乘槎祝寿纹"碗[27]，四川宜宾市博物院也收藏有一件清代粉彩开光人物瓷缸，缸上也绘有八仙乘槎贺寿的画面。[28]2017年西泠印社的秋季拍卖会上曾拍卖一件长41厘米、宽27厘米的清中期粉彩八仙贺寿图瓷板，图案中间为五位仙人乘槎漂浮于仙海中的画面。[29]（图13—图16）虽然这一时期祝寿题材的乘槎形象已经和朱碧山银槎杯所表现的超然物外的浪漫主义含义不同，但是二者显然都深受"仙人乘槎"题材影响。

这一时期大量同类型题材工艺品的出现，说明"仙人乘槎"形象已经融入中国传统的吉祥图案体系中，成为中国社会常见的带有吉祥意味的纹饰题材。

图13 "麻姑献寿仙槎"竹根雕 故宫博物院藏

图14 "粉彩诸仙乘槎祝寿纹"碗 苏州博物馆藏

图15 粉彩开光人物瓷缸 宜宾市博物院藏

图16 粉彩八仙贺寿图瓷板 西泠印社秋拍

结语

　　"仙人乘槎"故事诞生于魏晋时期，在南北朝时期和"张骞穷河源"之说融合形成"张骞乘槎"典故，这一典故在隋唐时期完全确立并达到高潮，被大量运用于文学作品中。宋元之际，故事形象开始作为纹饰题材被用于器物之上，由平面纹饰逐渐发展为设计更巧妙、立体感更强的槎形器。明清时期"仙人乘槎"形象则广泛深入市井生活中，并和吉祥意味浓厚的祝寿含义相融合，成为我国传统吉祥纹饰题材的重要内容。虽然在不同时期、不同情景中，"仙人乘槎"故事有着不同的意境，但毫无疑问这一形象的融合和流传都寄托着古人对生活的热爱和渴望，是中国传统文化中图形与寓意完美结合的典范。

注释

〔1〕　苏州市吴文化博物馆编:《吴文化博物馆图录》,江苏凤凰文艺出版社,2020年,第244页。

〔2〕　张志新:《国宝征集的那些事儿——朱碧山造银槎杯的征集》,《中国文物报》,2016年2月2日第4版。

〔3〕　(宋)陈彭年:《宋本广韵》,中国书店,1982年,第149页。

〔4〕　(西晋)张华著、郑晓峰译注:《博物志》卷十《杂说下》,中华书局,2021年,第277、278页。

〔5〕　"……盐泽潜行地下,其南则河源出焉""太史公曰:今自张骞使大夏之后也,穷河源,恶睹《本纪》所谓昆仑者乎?故言九州山川,《尚书》近之矣。"见(汉)司马迁撰、韩兆琦评注:《史记·列传》,《大宛列传第六十三》,岳麓书社,2019年,第1669页。

〔6〕　(晋)王嘉撰、(梁)萧绮录:《拾遗记》,齐治平校注,中华书局,1988年,第23页。

〔7〕　(宋)李昉等编纂:《太平御览》卷八,上海古籍出版社,2008年,第893—932页。

〔8〕　逯钦立辑校:《先秦汉魏晋南北朝诗》,中华书局,2011年,第1995页。

〔9〕　同上书,第2379页。

〔10〕　(梁)宗懔著、(隋)杜公瞻注:《荆楚岁时记》,中华书局,2020年,第46页。《荆楚岁时记》原书早已亡轶,笔者所掌握多种版本中的故事人物都是张骞,如南宋祝穆编撰的《古今事文类聚》记载:梁朝宗懔所著《荆楚岁时记》曾记有:"汉武帝令张骞使大夏,寻河源。乘槎经月而至一处,见城郭如州府,室内有一女织,又见一丈夫牵牛饮河。骞问曰:此是何处?答曰:可问严君平。"(明万历甲辰金溪唐富春精校补遗重刻本,《新编古今事文类聚》前集卷之十一,日本早稻田大学逍遥文库藏)南宋陈元靓《岁时广记》引《荆楚岁时记》云:"……织女去搘机石与骞而还,后至蜀问君平,君平曰:'某年月日,客星犯牛女。'所得搘机石,为东方朔所识。"见王云五主编:《丛书集成·初编·岁时广记》,商务印书馆,1939年,第308页。

〔11〕　(清)刘廷玑撰、张守谦点校:《在园杂志》卷四,中华书局,第142页。

〔12〕　同上书,第137页。

〔13〕 （唐）杜甫：《杜甫全集》，上海古籍出版社，1996年，第186、225页。

〔14〕 （唐）李肇、赵璘撰：《唐国史补·因话录》卷五，上海古籍出版社，1983年，第108页。

〔15〕 "博望侯乘槎而游，吾夫子乘桴而浮，仲尼固厄穷于四海，而张骞又功名之流也……"见（宋）周紫芝撰：《太仓稊米集》卷四十三，文渊阁四库全书，第1141册，台湾商务印书馆，1986年，第299页。

〔16〕 伍显军：《宋代瓯窑青瓷的新发现与研究》，《东方博物》，第三十五辑。

〔17〕 吴水存编著：《九江出土铜镜》，文物出版社，1993年，第123、131页。

〔18〕 （日）根津美术馆编：《宋元之美——以传来的漆器为中心》，日本写真印刷株式会社，2004年，第113页。

〔19〕 殷志强：《旅美华玉——美国藏中国玉器珍品》，南京大学出版社，2011年，第122页。

〔20〕 故宫博物院　犀角镂雕花木人物槎杯

https://www.dpm.org.cn/collection/bamboo/230673.html，2007年11月5日。

〔21〕 沈从文：《"分瓜瓟斝"与"点犀盉"——关于〈红楼梦〉注释一点商榷》载《花花朵朵 坛坛罐罐：沈从文谈艺术与文物》，北京联合出版公司，2021年，第110页。

〔22〕 故宫博物院　尤通犀角槎杯

https://www.dpm.org.cn/collection/bamboo/234621.html.

〔23〕 故宫博物院　镂雕花木老人犀角槎杯

https://www.dpm.org.cn/collection/bamboo/232959.html.

〔24〕 上海博物馆　犀角雕浮槎杯

http://www.shanghaimuseum.net/mu/frontend/pg/article/id/CI00004498，2016-05-25.

〔25〕 扬州博物馆　仙人乘槎犀角杯

https://www.yzmuseum.com/website/treasure/detail.php?id=826，2017-08-22.

〔26〕 故宫博物院编：《故宫竹木牙角图典》，故宫出版社，2010年，第58页。

〔27〕 苏州博物馆编著：《苏州博物馆藏瓷器》，文物出版社，2009年，第192页。

〔28〕 宜宾市博物院编：《酒都藏宝——宜宾馆藏文物集萃》，文物出版社，2012年，第93页。

〔29〕 卓克艺术网

http://auction.zhuokearts.com/art/29899879.shtml.

银槎杯与浪上银河的酷帅老头

罗依尔

不要温和地走进那良夜，老年应当在日暮时燃烧咆哮。

Do not go gentle into that good night, old age should burn and rave at close of day.

有一位老人并没咆哮，貌似悠闲地坐在木筏上，占据了吴文化博物馆展厅中的重要位置。这件元代的工艺品如今已是国家一级文物，名叫朱碧山银槎杯（图1）。

经过时间的洗礼，这件银器早就没了700年前的闪亮和锐气，表面已经接近槎木的质感。凑近看，作品仿佛蒙上了一层复古滤镜，给人温和的感觉（图2）。

斜靠在槎上的老人，神情自得，仰望着天空。从正面平视，两根枝干如有生命，让木筏好像一只前行的青蛙。这一幕不禁让人想起乘龟而行的武天老师，他早已隐退江湖，惬意地住在自己的小岛上。

银槎杯上的老人要是出现在青少年动漫中，想必也不会是主角。如果槎上老者是太乙真人，那么他已经完成了培养哪吒的主线任务，处于迟暮状态了（图3—图4）。

看，国宝：吴地文物再想象

图1　朱碧山造银槎杯　元代　吴文化博物馆藏

图2　吴文化博物馆藏朱碧山造银槎杯细部

图3　《七龙珠》动画截图

图4　吴文化博物馆藏朱碧山造银槎杯正面

武天老师最大的功绩当然是把龟仙流传授给了悟空，不但把自己的名号印在悟空的道服上，也刻到了全世界少年的心中。每个月总有几天觉得"今天应该能行"，在确认四周没人之后，摆出架势："龟派气功……"（图5）

　　银槎杯的尾部刻着一个"logo"——至正乙酉（1345）朱碧山造（图6），这足以证明文物的制作者不是等闲之辈。文人们在书画上留下自己的名字、印章和诗句，乾隆更是把自己弄得到处都是。银槎杯是一件工艺品，很多能工巧匠都留下了旷世杰作，但就是没有留下自己的姓名，最终都化作了四个字——无名工匠。

　　出生于嘉兴的朱碧山是一个著名的银匠，达官贵人都以有他的作品为荣，清代诗人黄遵宪还为他的银槎杯赋诗："主人醉客出奇器，错落绝胜银颇罗。"朱碧山能作为工匠留名青史，不仅因为他的艺术功力高，更因为他的自我觉醒与超前的"品牌意识"。正如文艺复兴时期的艺术家开始画自画像，并在

图5　《七龙珠》漫画　第十五话　　　　图6　吴文化博物馆藏朱碧山造银槎杯铭文
　　　 小悟空首次发出气功波

画上签名，摆脱了中世纪以来的工匠命运。根据明代王世贞《觚不觚录》中的记载："朱碧山之治银……皆比常价再倍，而其人至有与缙绅坐者。"这位嘉兴的手艺人，竟然能与官人平起平坐。直至今日，我们买奢侈品时其实也清楚，贵的不是材质与设计，而是logo（图7）。

朱碧山那些巧夺天工的虾杯蟹杯、达摩昭君都消失在历史长河中，如今存世的四件作品都是银槎杯（也有一说大英藏有第五件）（图8—图11）。用今天的话来说，每件都是"高定款"，各有特色。

台北故宫博物院的藏品更像一个标准款，树木表面的凿刻比较简单。不幸流入克利夫兰博物馆的藏品，树纹华丽到有种巴洛克式的飞翔感，让人忘记了宋元时期特有的工整和细巧，仿佛刻出了立体版的文徵明《虞山七星桧图》。而吴文化博物馆的藏品，乍看节制，实则暗流涌动，有种潜在的能量和沧桑，如同宋徽宗《柳鸦芦雁图》中的树木（图12—图13）。

图7　龟仙流道服上的logo、银槎杯的铭文以及丢勒1500年的自画像

图8　银槎杯　吴文化博物馆藏

图9　银槎杯　美国克利夫兰博物馆藏

图10 银槎杯 故宫博物院藏

图11 银槎杯 台北故宫博物院藏

图12　吴文化博物馆藏朱碧山造银槎杯细节

图13　上：《虞山七星桧图》　文徵明

　　　下：《柳鸦芦雁图》　赵佶

图14　四件朱碧山银槎杯仙人面部对比

对比之下，吴文化博物馆藏银槎杯的船身细长，简洁的线条让它看起来是四艘船里速度最快的。船上的老人一心望着天空，没有像其他三位那样手捧书本或者拿着支机石。他的身材也是最好的，没有趁着酒意袒胸露乳。细看脸部，他竟然是唯一没有笑容的。相比之下，从他瞪大的双眼中透露出更多的不羁和孤独。不羁的老人，是中国艺术中比较少见的主题（图14）。

竹林七贤、饮中八仙、香山九老……相关作品中的主角基本都已天人合一，面容安详，呈现出我们在儒家文化语境中对老者的想象，睿智且和谐。

总之，吴文化博物馆的藏品充满了一股酷劲与现代感。

《星际穿越》中，伴随着老布兰德博士的吟唱，永恒号驶向宇宙，而银槎

图15 银槎杯 美国克利夫兰博物馆藏

杯上刻有：

欲造銀河隔上關，
時人浪說貫銀灣。
如何不覓天孫錦，
止帶支機片石還。

图16 胤禛行乐图册·乘槎成仙页
　　清 故宫博物院藏

杯上的老者们抬头望向的正是他们的目的地——银河。有两件作品的背面都刻着诗句："欲造银河隔上关，时人浪说贯银湾。如何不觅天孙锦，止带支机片石还。"（图15）

这与晋朝开始流行的传说有关：古人认为海的尽头与天河相连，有人乘槎到了海的尽头，遇到牛郎织女。南北朝开始，这则传说与张骞西行的故事结合起来，说张骞乘槎经过月亮，行至银河，见到织女并带回了她的支机石。台北故宫博物院和克利夫兰博物馆藏品上的两位老人手上拿的正是支机石，他们已完成目标，在荣归故里的途中，难怪二老笑得眼角都弯了，船速悠悠。

这也更让我们明白，吴文化博物馆藏品上的这位老者为何面带愁容，他的星槎，也是古代的宇宙飞船为何急速前行的原因。和其他三位相比，他两手空空。

谁不想浪上天河呢？

"仙人乘槎"的故事通过文人墨客的书写源远流长，在元朝匠人朱碧山的手中更是一年之内创作出至少四种形象。明中期，乘槎图像开始被大量运用于陶瓷上，供民间使用。到了清朝，酷爱"cosplay"的雍正自然没有忘记这一场景；只有在画中，雍正才能远离尘世纷扰和责任，成为真正的自己，和如今的"coser"一样。乾隆不但在第四次南巡时赋诗一首，收藏了今天故宫所藏的银槎杯；1756年，可能让内府又创作了一件银槎杯。1983年，商务印书馆出版的大型画册《国宝》上，银槎杯独占封面（图16—图18）。

传统文化无不是这样传承，并通过再创作保持活力。蒙娜丽莎能成为世界上最红的艺术图像，正是因为500年来无数人的临摹，以及艺术家与素人的引用和搞恶。希腊神话能让小朋友读起来不觉得陌生，正是因为好莱坞大片里超级英雄们依旧演绎着相仿的故事，T台名模们也身体力行地再现着维纳斯的身材与八卦。

孩子们在摇头晃脑地背诵古文的同时，也需要一座桥梁连接起传统文化与

图17　银兰槎　清　台北故宫博物院藏

图18　《国宝》　1983年
商务印书馆
国宝二字出自张迁碑

现实生活。优质的国风 ACG 无疑是最好的媒介，让传统文化成为一种生活方式与爱好。今日国漫与汉服的流行代表了传统的活力，也体现了年轻人文化上自我寻找的需求。

在吴文化博物馆的"看，国宝"特展上，青年艺术家陈旸为这件银槎杯创作了一套当代视觉形象（图 19）。

这位驶向银河的老人成了一位真正的"潮人"，气场逼人。银河中的星槎闪着奇妙的光晕，仿佛反射着群星的光芒，也提醒我们吴中银槎杯在朱碧山刚完成的那些年一定是锃亮的银色。街头涂鸦的目标就是吸睛与自我表达，长期的实践让艺术家的配色有惊人的冲击力。传统笔触突出的是线条与色块，而彩色喷漆的灵魂是晕染，这也是作品张力的最大秘密，这种晕染增强了船身线条的流动性（图 20）。

图19 星槎漫游 I
陈旸 国际街头艺术家

图20 陈旸作品与吴文化博物馆藏银槎杯细节对比

图21 陈旸作品细部、《酣睡
的女郎》（1964）及
1941年版蝙蝠侠漫画

图22 陈旸作品细部与清代青花仙人
乘槎碗

画中船头与船尾附近若隐若现的波点，致敬了著名波普艺术家利希滕斯坦(Roy Lichtenstein) 常用的本戴点（Benday dots），利氏夸张地再现了这种漫画常用的廉价印刷效果，正是对精英艺术的反叛，凸显了大众艺术的可复制性和传播性（图21）。

老人左手变枯枝处挂着一个葫芦，葫芦是仙人的身份象征。无独有偶，这是一种民族共通的文化直觉，明朝中期的工匠们开始在乘槎图像的树枝上挂上葫芦（图22）。

当然，葫芦是装酒的，银槎杯本来的功能也正是酒杯。"白发三千丈，缘愁似个长"，还有比银河中的一叶方舟更孤独的意象吗？很明显，画中的仙人为了解忧已灌了自己几杯，他的世界也开始发生微妙的变化，本已失去生命的树桩中飞出了蝴蝶，扇动的翅膀把仙人身后的衣摆卷成了浪花，狂风暴雨就要来了（图23）。

我本楚狂人，凤歌笑孔丘。

既然是当代再创作，更重要的当然是想象力。

第二张作品中，老者决定打破陈规，彻底解放自己，哪怕代价是遁入虚无与狂乱。袖口中飞出的魂魄似乎代表了人性的本恶，吉祥的寿桃已被粗大的双手掰成两半。不愿像《葫芦兄弟》里的爷爷那般无助，但求如《全职猎人》中的会长那般狂傲。武天老师关键时刻可不是缩头乌龟，正如一介凡人张之维。

画面危机四伏，爬上小船的鳄鱼、哭泣的猴子、悬挂树桩的巫毒娃娃、开始变异的青蛙。上幅作品的浪花已成滔天巨浪，南宋的马远要是知道现在社交媒体上的表情符号"海浪"用的是葛饰北斋的《巨浪》，而不是自己的《水图》，晚上一定也会惊坐起吧。葛饰北斋的笔力当然了得，但作品能红遍西方更是因为浮世绘本身的可复制与易传播性，连凡·高都能收藏这种当时的平民化作品。马远画《水图》的时候，欧洲还在十字军东征；葛饰北斋去世后两年，伦敦开启了第一届万国博览会（图24）。

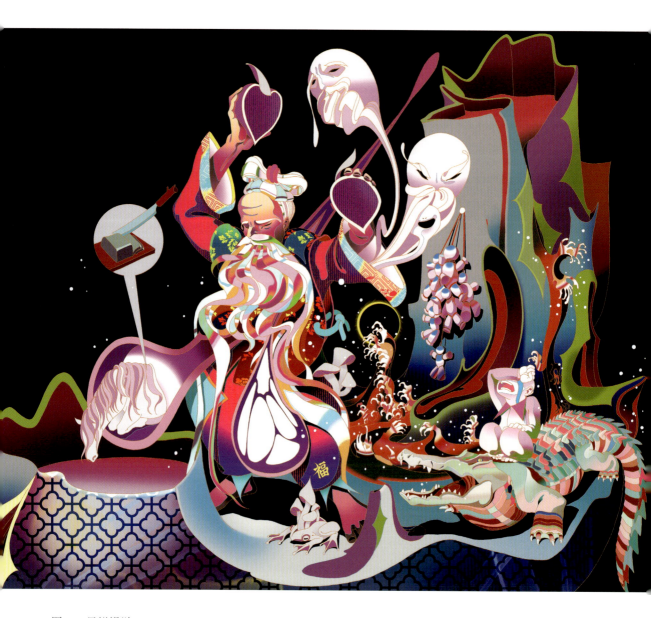

图23　星槎漫游 II
　　　陈旸　国际街头艺术家

　　　看，国宝：吴地文物再想象

图24　陈旸作品、马远《水图》之云舒浪卷及葛饰北斋的《神奈川冲浪里》

画中巨浪的上方有一轮黑色的月亮，月亮不但影响着潮汐，也影响着人的体液。拉丁语中的 Luna 就是 Lunatic 的词源。月亮会让人思乡、相思，还能让 KTV 中的男人突然把共鸣腔移到后脑勺，模仿着张宇浑厚的声音狂吼："哦……我承认都是月亮惹的祸……"难怪满月狼人的传说依然健在（图 25）。

故宫的银槎杯腹部刻着：百杯狂李白，一醉老刘伶。知得酒中趣，方留世上名。

借着月色和酒兴，老者张开双臂屹立船头，仿佛进入狂喜的状态。这个姿势让人想起米开朗基罗 1532 年前后的《耶稣复活》系列手稿，那时梵蒂冈刚经历了罗马之劫，老米的竞争对手达·芬奇和拉斐尔早已仙逝，他在艺术上已是独孤求败的状态，马上要创作令人生畏的《最后的审判》（图 26）。

这昂首后仰的姿势源自古希腊酒神的狂欢场景。古希腊时期的酒神节，人们走上街头，吃肉喝酒，表演戏剧，怎么想都比如今那些两个相同数字的"节日"快乐许多，我们捏着手机的双手好似戴着隐形的手铐（图 27）。

图25　网络游戏《恶魔城：血之轮回》的狼人Boss变身中

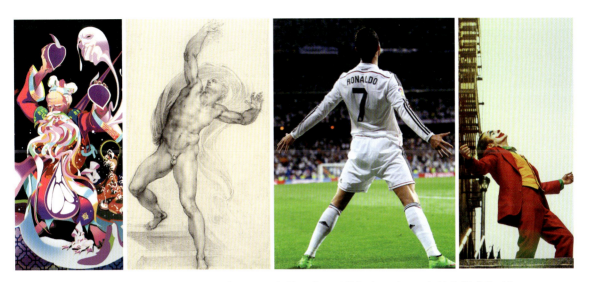

图26　陈暘作品、米开朗基罗《耶稣复活》、克里斯蒂亚诺·罗纳尔多以及2019年的电影《小丑》

图27　古希腊罗马时期酒神女侍从美娜德图像

图28　星槎漫游 III

　　陈旸　国际街头艺术家

图29　《塞尔达传说：旷野之息》、弗里德里希《雾海上的旅人》及《恶魔城》初代美版封面

元朝的文人有太多的理由颓废、癫狂。科举制度的废除，让学而优没用。特别是嘉兴这样南宋境内的汉人被称为"南人"，是四等人中最低等的。科举有点像复古游戏，不管在现实中怎样，每个人在游戏的世界里都基本平等，全凭本事，谁都可能站在世界之巅。但到了元朝，玩家突然发现游戏平衡性崩塌了，自己的职业等级上限是 30 级，身边全是 300 级闪闪发光的氪金猛男（图 28—图 29）。

但画作上的老者似乎没有绝望，在黑暗中保持着自己的色彩，看他彩虹般绚丽又充满活力的胡子就知道了。第三张作品中，星槎上的老者梦回自己的青春。那时的他以笔代剑，站在山头，望向远方的巨大敌人。这是游戏封面的经典构图，第三人称视角能让每个少年代入其中，完成以弱克强的终极梦想。

回忆杀中的雨量很大，但也无法掩盖主人公背后太阳的热力与能量，哪怕命运已定，但最重要的是曾经绽放过。

在经过再创作与细读后，有没有觉得这位星槎上老者的人设更加完整，银槎杯及其背后的故事似乎也更令人难忘了？中国有太多隐于博物馆的杰作，动漫式的再创作将为文物注入新的活力，文物也会为动漫带来新的价值与深度。最重要的是，边看动漫边学知识，岂不美哉？

符号还是文字：再谈澄湖刻符的性质与释义

姬美娇

　　文字的出现长期被认为是界定文明产生的标志之一，史前刻划符号与原始文字的关系也始终是学术界关注的话题。目前，中国境内发现的史前刻划符号已有相当可观的数量，广泛分布在各地的考古学文化中，但绝大多数史前刻划符号是单个出现的，多个符号连在一起成组出现的形式屈指可数。1974 年苏州澄湖遗址出土的黑衣陶刻符贯耳罐，器表刻划多个符号（下文简称为"澄湖刻符"），吸引了众多学者的研究目光，丰富了我们对史前刻划符号性质的认识。本文拟对澄湖刻符的既往研究作一个总结和回顾，并重新讨论澄湖刻符的性质与释义。

一、澄湖刻符的发现

　　澄湖，又称陈湖或沉湖，是太湖平原上的一处中型湖泊，位于苏州市城东南约 15 公里处。1974 年，当地围湖造田，于抽干的湖底发现大批古井，还在井中挖出了很多文物。文物部门闻讯后，赶赴现场进行了调查发掘和征集工作。发掘工作自 4 月持续至 6 月，共发掘古井 150 余口，出土文物连同当地征集的文物共一千两百多件，涵盖新石器时代崧泽文化、良渚文化、马桥文化以及商周、汉晋、唐宋等时代，时间跨度长达 5000 年。[1]

澄湖遗址的出土文物以史前陶器最具特色，这些器物以汲水器为主，形式以罐、壶类居多，可能是在汲水过程中失落井中的，因而完整者众。这许许多多的史前陶器，不乏模拟动植物形态的鸟形提梁壶、鸭形壶、猪形壶、鳖形壶、葫芦罐等，充满艺术想象力。然而最为珍贵的，则是一件器表刻划多个符号的黑皮陶鱼篓形贯耳罐。

在澄湖遗址发掘 11 年后，1985 年《江苏吴县澄湖古井群的发掘》简报正式刊布，文中显示这件刻符陶罐出土于 J127 中，口径 8.8 厘米，通高 12 厘米，呈鱼篓形，敞口直颈，鼓腹平底，带有两个贯耳，是良渚文化的典型器物。最为特殊的是，其腹部刻划一组排列有序的符号，即本文的研究对象"澄湖刻符"（图1）。

图1 澄湖遗址黑衣陶刻符贯耳罐（74WchJ127:1）各角度照片

二、澄湖刻符研究概述

澄湖刻符排成一列，构成有序组合，已不是象形的图画，而是规整度较高的抽象符号组合，这在良渚文化中是首次发现，放之全国也属罕见，因而在中国文字起源的研究中具有突出价值，一经披露即引起学术界的极大关注，相关讨论频出。

（一）刻符数量与刻划方式

关于澄湖刻划的数量，最早的发掘简报称这组澄湖刻符为陶文，但是介绍比较简略，并且只给出了三个符号的摹写图样。[2] 后来张明华、王惠菊辨识出此器有四个刻划符号（图2），并称"四字集一器，这在新石器时代尚属首见"[3]。需要指出的是，张明华、王惠菊摹印的符号并不准确，一是符号之间的高低位置关系有误，例如左起第一个符号并不应该处于最高的位置；二是左起第一个符号右侧明显有一短线未被摹写出来。此后很长一段时间，不少学者受此误导，在研究澄湖刻符时，均以此四字刻符为准，例如李学勤先生在研究此器时，直言"这四个符号可自左向右读，因为符号的横行呈左高右低的倾斜"。

1997年，钱玉趾撰文指出澄湖四个刻符中第一个符号"左下角还向左引申一长线"[4]，但并未将这一长线认定为符号。[5] 2015年，良渚博物院编著出版了图录《良渚文化刻画符号》，这是目前收入良渚符号最全面的材料，其中刊布了该刻符贯耳罐多角度的高清照片及刻符摹本，首次完整呈现了澄湖刻符的细致面貌，编者在分析后认为，该组刻符数量应为五个（图3），容易被误解为符号①飞笔的字符②也是一个有意刻划的符号，但并未作进一步释读。[6] 2019年出版的《图画与符号：良渚原始文字》一书中，夏勇、朱雪菲进一步肯定了澄湖刻符的数量为五。[7]

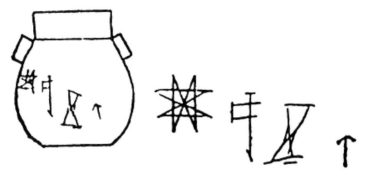

图2　张明华、王惠菊著《太湖地区新石器时代的陶文》摹印的四个符号

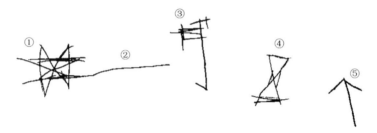

图3　《良渚文化刻划符号》（2015年版）摹印的五个符号

　　至于澄湖刻符的刻划方式，张明华、王惠菊认为以澄湖刻符为代表的良渚文化刻符一般都是在器物烧成以后，用尖峰状硬器刺划而成。[8]钱玉趾也称其"符号是在陶器烧成后用锐器划出"[9]。《良渚文化刻画符号》一书则主张澄湖刻符为烧前刻，惜未作详细说明。[10]本文同意前者的说法，即用尖锐工具"烧后刻"，依据是澄湖刻符的刻痕露出了陶罐胎体原本的灰白色，若为烧前刻，刻痕颜色应与陶罐器表颜色接近，呈黑色而非灰白色。可以作为佐证的是，庙前遗址出土的一件良渚文化泥质黑皮陶杯（G1 ①:1），杯底外壁有一刻划痕，刻痕呈黑色，不同于胎体的颜色，明显为烧前刻。[11]另外，作为澄湖刻符载体的陶罐本身质地坚硬，而其表面的刻划痕窄细，截面呈浅"V"形，确似以尖峰状硬器刺划形成。

（二）刻符性质与释义

关于这组符号的释读，学术界众说纷纭，既有认定其为文字的，也有判断其并非文字的；既有对单个符号进行解释的，也有对其进行整体释读的。下文提及的学者除了夏勇、朱雪菲以澄湖刻符数量为五进行释读外，其余学者都以四字刻符为基础展开释读，特在此说明。

首先，以刻符为文字的学者居多。张明华、王惠菊认为左起第一个符号与崧泽文化的鱼形刻划大同小异；第二个符号形体结构与甲骨文中的戉字、戍字一致；第三个符号可能与甲骨文中的五字有关，或许是与五字有关的合文；第四个符号在江西吴城文化、山东北庄大汶口文化、甘肃马厂及寺洼文化遗址中都有发现，并提到唐兰认为该符号是俞字的原始象形字，象征做船剜木的工具。[12]黄盛璋认为该符号是房屋的象征，竖划代表立柱，其上的部分似屋顶。[13]四个符号从左至右读，似乎记录了一个以鱼为图腾的部落，曾经征伐吞并了另一擅长造船的氏族；若从右至左读，似乎是一个以鱼为图腾的部落制造玉戚的记录。同时指出，由于目前掌握的资料有限，要准确释读，条件尚不成熟。[14]

李学勤称其结构非常接近殷墟甲骨文，可自左至右读，释之为"巫戉五俞"，读作"巫钺五偶"，意为神巫所用的五对钺。[15]陆思贤认为这是最古的太阳年星历记录，表现了渔者生产、生活的过程。[16]饶宗颐将其释读为"菁戉五个"，并认为第一个符号"正像木架搭相乘状"，或许显示了古越人架构木材的能力，为越族的表征。[17]董楚平将左起第一个符号释为"方"，方国之方，第二个符号释为"钺"，第三个符号释为"会"，与"会稽"古义相同，第四个字符释为"矢"，四字连读为"方钺会矢"，即越国会盟，是良渚文化的军事会盟记录，甚至可能是建国文献，国名与后来的越国相同。[18]

王晖指出左起第一个符号在崧泽文化、凌家滩文化、良渚文化等文化遗址中常常出现，图案性质较强，与殷周青铜器铭文族徽相似，可能是某一部族的族徽。第四个字符似甲骨文"矢"字，却无"矢"的下部，像"矢"的头部，为"簇"的原始象形字。四字可隶定为"戉五簇"，"戉"通"越"，"簇"通"族"，也可能读为"越五族"，认为可能是古越族的来源。[19]

以上持澄湖刻符是文字观点的学者多是用解读甲骨文的方法进行考释的。除此之外，也有学者表示这几个符号不是文字或不能肯定是文字。

裘锡圭认为目前发现的良渚符号均非文字，并提出"在新石器时代还不存在最终形成完整文字体系的条件"[20]。钱玉趾依据文字应具有表达语言的功能为准则，提出"良渚陶壶上的字符可以认为是文字，吴县澄湖黑陶罐上的四个刻划符号和马桥遗址阔把杯底两个刻划符号，则有可能是"[21]。杨振彬认为澄湖刻符罐上的四个符号虽然是成组出现的，但它们中的个别符号在别的相关文化遗址中尚未发现，不具有通用性，不宜将其归入文字范畴，并指出第一个符号可能与原始的太极观有关，或许代表神权，第二个符号很像良渚文化中的钺形器，可能代表族权，第三个符号不好轻易与甲骨文的"五"等同起来，第四个符号在许多地区都有发现，其形状类似于箭镞，可能代表军权，四个符号其实表明了此陶器的所有者和他所拥有的权力。[22]

张溯认为澄湖刻符还只是停留在有意义的符号范畴，不一定与后世的文字有传承关系。他在前人研究基础上，结合良渚时代的社会背景，从思想信仰和社会阶层方面对四个符号的释义进行了新的解读：第一个符号为八角形纹，代表对土地神的崇拜和祭祀，商代的亚形符号在意义上与它最为接近；后面三个符号可分别释为"戉""五""个"字，但是这四个符号并不组成一句话，而是分别代表了良渚先民心中的宗教信仰和宇宙观，以及王、巫觋和族三个阶层，表达了良渚先民的社会分层观念。[23]

夏勇、朱雪菲称澄湖五个刻符中左起第一个符号为八角形纹，并指出同类符号在良渚文化和同时期新石器考古学文化中屡见不鲜，但是不同时代、不同地域，八角形符号的含义也不同。第二个符号的同类符号在良渚文化中还有多处发现，但是意义不明。第三个符号是"一套标准的豪华型钺"。第四个符号与良渚时代陶鼓的形象具有一定的关联性。第五个符号猜测是箭镞或者矛一类。至于其连起来如何解读，则表示连书写顺序都无法确定，"更遑论这组符号整体想表达的意思"[24]。

综览各方观点，可以看出学者们无论是否认同澄湖刻符为文字，都肯定这几个符号有其特殊的含义，只是各家对其具体解释有所不同。除澄湖刻符外，多位学者曾就史前刻划符号是否属于文字有过诸多讨论，回溯这些研究，可以帮助我们正确认识澄湖刻符的性质。

三、史前刻划符号的性质讨论

20 世纪以来，我国境内陆续发现了一些新石器时代刻划在陶器、兽骨、玉石、龟甲等器物上的符号。一般认为用图画记事和用抽象符号记事与文字的发明有直接的关系。目前中国境内发现的最早的成熟文字是商代的甲骨文，无论是从不重复的单个文字的数量看，还是从字形结构看，甲骨文已经是相当成熟的文字体系了，并且与后世的汉字一脉相承。不难想象，汉字在成熟的甲骨文体系出现之前，必然经历了漫长的发展过程。

那么，史前刻划符号是不是甲骨文出现之前的原始文字，抑或甲骨文的直接前身？对此，学术界有几种不同的观点。以郭沫若、于省吾为代表的一些学者认为新石器时代陶器上的刻划符号是中国的早期文字，[25]或者其中一部分是原始文字，另外一部分不是文字，但对汉字有影响；[26]以汪宁生为代表的一些学者认为在陶器上刻划符号是一种记事方法；[27]还有一部分学者认为陶器刻划符号是生殖崇拜[28]或图腾符号[29]。

据牛清波梳理，新石器时代刻划符号的分布具有广泛性特征，黄河流域、长江中下游和淮河流域是集中发现区，东北、华南等地区也有零星分布，同时各地刻划符号具有一定的区域性特征。从年代上看，淮河流域、长江中下游、黄河中下游地区发现的年代最早的刻划符号均早于公元前5000年。[30]需要明确的是，迄今为止发现的史前刻划符号绝大多数是单个出现的，这类符号往往"一器一符"，缺少语境，难解其意，并且其中有相当一部分笔划简单、刻划草率，即使同一遗址出土的同一符号，也存在诸多形态。另有一类刻划符号，是多字排列、成组出现的，这类组词成句类的刻划符号，较多出现在新石器时代晚期的龙山文化、良渚文化遗址中。王晖曾提出："中国文字正式形成的判定标准应是表现形式是连字成句或组词成句，这是用线性的排列组合来表现的。哪怕只有二三字，但这很简单的二三个字就能够记录最简单的语言，表示主谓、主谓宾或偏正关系的词组、句子或句群，这就是先民用有排列组合关系的早期文字来记录语言了。"[31]张春凤也提出："成组符号的存在是史前文字研究中最为值得注意的现象。在语言未知的情况下，成组符号是鉴定是否属于文字的一个重要标准。"[32]据此判断，至少在龙山文化和良渚文化时期，早期文字就已经形成了，在此之前单个出现的刻划符号还是文字形成之前的探索。

澄湖刻符罐多个刻划符号出现在同一件器物上，排列有序、字形规整、笔划复杂，并且刻划痕迹显示，这些字符是经过多次反复刻划形成的，不似随意为之，显然是表达着某种特殊含义。除澄湖遗址出土的这件刻符贯耳罐外，良渚文化发现的史前多字刻划符号还有多处，如1987年浙江余杭南湖出土的一件黑陶罐，其肩至上腹部按顺时针方向连续刻划八个符号（图4，①）。[33]李学勤将其释读为"朱旗戋石，网虎石封"，其中"朱旗"是红色的旗子，可能是一个族名或人名，"戋"是行、往的意思，"石"为地名，"封"表示境地。整体大意就是，朱旗去往石地，在石的境地内用网捕捉老虎。[34]上海马桥遗址下层出土的良渚

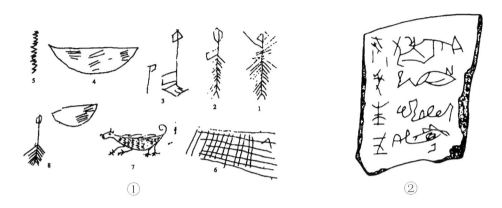

图4　浙江余杭南湖（87C3-658）、江苏扬州龙虬庄（采集）陶器刻划符号

文化黑衣灰陶阔把杯，底部也有几个刻划符号。[35]同处长江流域的江苏扬州龙虬庄遗址，在其南荡文化遗存（年代为龙山文化末至夏初）中也发现一片泥质磨光黑陶盆口沿残片，陶片内壁同样发现八个刻划符号，纵向两行，每行四个，左行四个刻划符号类似甲骨文，右行四个类似动物图形（图4，②）。[36]

　　至于史前刻划符号与甲骨文之间的关系，不可否认的是，不少新石器时代的刻划符号在形体结构上与个别甲骨文的字形有形似之处。但是，王元鹿指出："要为一种符号科学定性，必须有严肃的科学态度，有一些仅仅凭借字形的相似去判断两种文字的关系的做法，在方法论上是经不起质疑的。尤其是以象形字为文字系统主体的文字，由于象形字本来就是'画成其物'，两个文字系统之间的某些字的相似不能证明二者的亲缘关系……运用比较法时要注意刻划符号的时代性与地域性。不能仅通过简单的字形比对就确定二者之间的关系。"[37]这样说来，尽管甲骨文中有相当一批文字符号在史前时期就已经出现了，但是不能就此认为史前刻划符号是甲骨文的直接前身，二者不一定存在继承关系。

综上，以龙山文化和良渚文化为代表的史前多字刻划符号不一定是甲骨文的直接前身，可能与汉字没有传承关系，但是应属于古文字无疑，并且不同地域的史前刻划符号，应属于不同文字系统，中国原始文字的起源具有地域性特征。

四、澄湖刻符释义新解

虽说澄湖刻符不一定与甲骨文、金文等成熟文字有直接的传承关系，但是要破解澄湖刻符的含义，恐怕还是要从其与甲骨文、金文中的相似字形入手。原因是，中国的文字在形成初期，以象形字为主，是对现实事物的描摹记录，也就是说早期文字与所代表的事物在形状上是很相像的，表示同一含义的文字，即便不是出自同一系统，也可能具有较大的相似性。

澄湖的这组刻符，构成并不复杂。通过观察各个符号的排列间距与形态特征，本文也主张澄湖刻符数量实为五个（图5）。

具体来看，符号①图案性较强，类似的符号在多地新石器文化遗址中都有发现，常被认为是族徽或与祭祀信仰有关。张溯指出该符号广泛分布于长江、淮河、黄河、辽河流域等不同的史前文化中，不会是一族的族徽。[38] 与最为典型的凌家滩玉器符号类型一、类型二（图6）相比，澄湖刻符虽与之有相似的图形成分，却缺少核心的圆形要素，故将其解释为对土地神或太阳的崇拜属实牵强。

符号②③④⑤则字符化程度很高，其中符号②，一条横线，左低右高，没有多余笔画，应表示数字"一"。这个符号过去经常被忽略，但是从其所处位置来看，应属于这组符号中的一个。符号③，从形态上看是"钺"字的象形，几乎没有异议。符号④，与甲骨文数字"五"近似，只是腰部多出两条竖线，可能是书写时笔误。符号⑤，应为"矢"字的象形，即"箭镞"之意。

从符号①②之间的连笔看，澄湖刻符应为自左至右书写。书写的起始方向

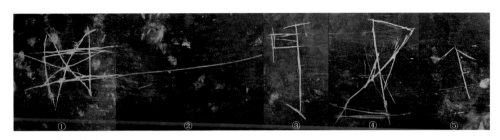

图5　澄湖刻符①至⑤照片

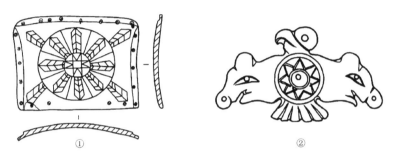

图6　凌家滩出土玉器符号类型一（玉版87M4:30）、类型二（玉鹰98M29:6）

反映出阅读的起始方向,符号②至⑤连起来可以读作"一钺五矢",其中"一""五"具有计数的意义,大意为"一把钺、五支箭镞"。如此说来,字符①很可能是这条记录的主语,表示部落名的可能性很大。直接来看,这组字符可能表示"✴"这个部落拥有一把钺、五支箭镞。哪怕是将这一组符号反过来从右至左读,似乎也能解释得通。

　　钺在史前既是一种工具、武器,也是一种象征王权或者军权的礼器。[39]镞是史前另一种常见的兵器,与作为权力象征的钺同时出现,并且用数字关联起来,可能象征着在"✴"这个部落中一个执钺者可以统领五个执箭的勇士或者统率五个装备箭矢的武装力量。陶罐本身礼器性质不强,也不是文本书写的绝佳材料,能留有这样的记录，或许反映了陶罐主人对权力的向往，侧面表明当时社会分化比较严重，出现了统领武装的阶层。当然，这样的引申只是猜测，包括前述李学勤、董楚平、张溯等学者对澄湖刻符内涵的认识可能也是一种"过度解读"，毕竟发现澄湖刻符的陶罐本身实在过于普通，古人刻符于上很可能是偶然为之，并且这样简单的几个刻划符号确实很难承载复杂的表达。

无论如何，澄湖刻符的重要性是毋庸置疑的，期待未来的考古工作能够发现更多的史前刻符，也希望微痕分析、残留物分析等科技手段能应用到刻划符号的研究当中去，进而帮助我们得出更为科学的认识。

〔1〕　南京博物院、吴县文管会：《江苏吴县澄湖古井群的发掘》，《文物资料丛刊》第九辑，文物出版社，1985年。

〔2〕　南京博物院、吴县文管会：《江苏吴县澄湖古井群的发掘》，《文物资料丛刊》第九辑，文物出版社，1985年。

〔3〕　张明华、王惠菊：《太湖地区新石器时代的陶文》，《考古》1990年第10期。

〔4〕　此处"左"可能为作者误写，实际应为"右"。

〔5〕　钱玉趾：《良渚文化的刻划符号及文字初论》，《苏州大学学报》1997年第2期。

〔6〕　良渚博物院：《良渚文化刻画符号》，上海人民出版社，2015年，第592—595页。

〔7〕　夏勇、朱雪菲：《图画与符号：良渚原始文字》，浙江大学出版社，2019年，第142—183页。

〔8〕　张明华、王惠菊：《太湖地区新石器时代的陶文》，《考古》1990年第10期。

〔9〕　钱玉趾：《良渚文化的刻划符号及文字初论》，《苏州大学学报》1997年第2期。

〔10〕　良渚博物院：《良渚文化刻画符号》，上海人民出版社，2015年，第592—595页。

〔11〕　同上书，第144页。

〔12〕　唐兰：《关于江西吴城文化遗址与文字的初步探索》，《文物》1975年第7期。

〔13〕　黄盛璋：《"个"释意》，《中国文物报》1989年5月26日。

〔14〕　张明华、王惠菊：《太湖地区新石器时代的陶文》，《考古》1990年第10期。

〔15〕　李学勤：《良渚文化的多字陶文》，《苏州大学学报（吴学研究专辑）》，1992年；李学勤：《良渚文化的多字陶文》，《吴地文化一万年》，中华书局，1994年。

〔16〕　陆思贤：《良渚文化陶文释例：最古的太阳年星历记录》，《考古与文物》1993年第5期。

〔17〕　饶宗颐：《符号·初文与字母——汉字树》，上海书店出版社，2000年，第45页。

〔18〕　董楚平：《"方钺会矢"——良渚文字释读之一》，《东南文化》2001年第3期。

〔19〕　王晖：《从甲骨金文与考古资料的比较看汉字起源时代——并论良渚文化组词类陶文与汉字的起源》，《考古学报》2013年第3期。

〔20〕　裘锡圭：《究竟是不是文字——谈谈我国新石器时代使用的符号》，《文物天地》1993年第2期。

〔21〕　钱玉趾：《良渚文化的刻划符号及文字初论》，《苏州大学学报》1997年第2期。

〔22〕　杨振彬：《长江下游史前刻划符号》，《东南文化》2001年第3期。

〔23〕　张溯：《论江苏澄湖遗址出土的良渚刻符》，《东南文化》2015年第5期。

〔24〕 夏勇、朱雪菲：《图画与符号：良渚原始文字》，浙江大学出版社，2019年，第142—183页。

〔25〕 郭沫若：《古代文字之辩证的发展》，《考古学报》1972年第1期；于省吾：《关于古文字研究的若干问题》，《文物》1973年第2期。

〔26〕 高明：《论陶符兼谈汉字的起源》，《北京大学学报》1984年第6期。

〔27〕 汪宁生：《从原始记事到文字发明》，《考古学报》1981年第1期；严汝娴：《普米族的刻划符号——兼谈对仰韶文化刻划符号的看法》，《考古》1982年第3期。

〔28〕 倪志云：《大汶口文化陶尊"文字"的观念内涵与〈周易〉阴阳哲学的思想渊源》，《美术考古与美术史研究文集》，齐鲁书社，2006年。

〔29〕 饶宗颐：《中国古代东方鸟俗的传说——兼论大暤少暤》，《中国神话与传说学术研讨会论文集》（上册），台北汉学研究中心，1996年。

〔30〕 牛清波：《中国早期刻画符号整理与研究》，安徽大学博士学位论文，2013年，第426—427页。

〔31〕 王晖：《从甲骨金文与考古资料的比较看汉字的起源》，《考古学报》2013年第3期；王晖：《新石器时代组词成句类陶文与汉字的起源》，《古文字研究》第27辑，2008年。

〔32〕 张春凤：《关于良渚符号的定性》，《中国古文字研究》第22辑，上海书店出版社，2015年。

〔33〕 余杭县文管会：《余杭县出土的良渚文化和马桥文化的陶器刻划符号》，《东南文化》1991年第5期。

〔34〕 李学勤：《试论余杭南湖良渚文化黑陶罐的刻划符号》，《浙江学刊》1992年第4期。

〔35〕 上海市文物管理委员会：《上海马桥遗址第一、二次发掘》，《考古学报》1978年第1期。

〔36〕 龙虬庄遗址考古队：《龙虬庄——江淮东部新石器遗址发掘报告》，科学出版社，1999年，第204页。

〔37〕 王元鹿：《关于我国南方民族历史古文字的一些谜团》，《中国文字研究》第十四辑，大象出版社，2011年。

〔38〕 张溯：《论江苏澄湖遗址出土的良渚刻符》，《东南文化》2015年第5期。

〔39〕 林沄：《说"王"》，《考古》1965年第6期；钱耀鹏：《中国古代斧钺制度的初步研究》，《考古学报》2009年第1期；许鹏飞：《钺代表的军权意义的起源与发展》，《考古》2018年第1期。

黑陶罐与叛逆的嘻哈少年

罗依尔

如果有良渚先民的歌舞演出，你会买票看吗？观看史前文明，需要一点想象力。

"史前、石器时代"，在博物馆中看到这几个字，我们脑中的某个开关就会自动切换：不再是某个艺术家在夜晚孤独地创作，而是一群披着兽皮的原始人过着茹毛饮血的生活。

当然，仔细看博物馆所藏的这件陶罐（图1），就会发现它并不原始。陶罐的贯耳与罐口的复杂造型表达了明确的审美倾向，而罐身中的四个神秘字符告诉我们这个文物的特殊性甚至是仪式用途。于是，另一种场景在我们的脑海中生成。在某个重要的夜晚，部族的人们围聚在篝火旁，而部族的首领，已经进入狂喜状态，手舞足蹈地唱出代代相传的故事。随后，整个部落都随着强烈的节奏载歌载舞起来。

让我们解读良渚先民的语言和文字符号肯定难上加难，但如果是观摩他们的祭祀仪式，应该很多人都会发自内心地叫好吧。原因也很简单，韩国女子唱跳组合 BLACKPINK 美国巡演时跳舞"翻车"，只要卖萌就能混过去了，哪怕有批评的声音，还有更多的粉丝会跳出来袒护。远古仪式上的舞者求雨，肯定会更卖力些，因为"夏大旱，公欲焚巫尪"。跳砸了自己可能就变成祭品了，是字面意义上的用生命在跳舞。或者说每次祭祀歌舞都是事关部族存亡的大事，是原始生活最严肃的智力活动（图2）。

图1　黑衣陶刻符贯耳罐　新石器时代　吴文化博物馆藏

　　　看，国宝：吴地文物再想象

图2　比咱皮肤还要黑　刘了了

如果良渚舞女穿越到现代，我们会发觉她长得和现代人没什么不同，那时的人们不管是脑容量还是 DNA，在生物学上和现代人已经没什么区别了。换套现代人的衣服走在 Costco（开市客，美国连锁会员制仓储量贩店）里买烤鸡，你肯定觉得她是个都市中产。而且让她学会拍抖音视频，大概要用半天时间吧，找个 MCN（多频道网络公司）运营一周就变"自媒体大号"了。在地球现存的原始部落里，的确也有这样的事情发生，父辈还在打麻雀，过着石器时代的生活，但儿子已经在开飞机了。

史前舞蹈要让现代人惊艳应该不难。

让一家老小都能唏嘘不已的动物世界和自然纪录片，每天都发生在史前巫祝的日常之中。那时的舞蹈姿态可能源于模仿，模仿飞鸟巨兽，模仿天气现象，而不用去 B 站找教学视频。在迪士尼的《狮子王》演出中，非洲鼓一打，黑人演员扯起嗓子一吼，台下每个人的毛细血管都张开了。史前巫祝也正是用他们的技艺把分散的个体情感在仪式中连在一起，形成集体记忆和认同。

不但舞蹈，其实绘画也是。

不过在史前岩洞壁画之中，人类并不是主角，我们看到的都是非常生动的野牛、野鹿等大型动物，那狂野的笔触是真正的野兽派，难怪毕加索去法国南部拉斯科洞窟参观后就表示，"这么多年，我们画了个寂寞"。很多非遗大师也都有一种比较谦逊的说法："以前工匠的技巧，我们现在很难复制。"（图 3）

有专家说，黑陶罐上的第一个刻画符号是巫字。巫和舞在甲骨文中同源，巫看起来就像两个人在跳舞。以舞能降神，但跳好舞肚子更饿了，对非生产劳动的偏见源远流长。别说史前了，今天有哪个小孩决定要以歌舞、演戏为生，大人脑中蹦出的估计还是"不务正业"，或者"我得支棱起来，老后应该是没人孝顺了"（图 4—图 5）。

但是"美"这个概念一定程度上就是建立在非生产性上的。羊大是美，大

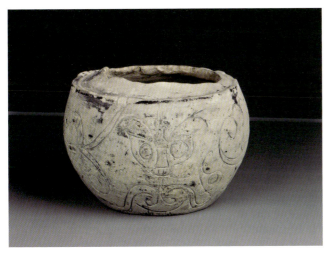

图3 良渚文化 刻画兽面纹灰陶罐 吴文化博物馆藏
陶罐上刻有猫、鸟、蝶、蛇、鸡等动物形象

图4 黑衣陶刻符贯耳罐上的第一个刻符

块烤羊腿往嘴里送、确保能量摄入的快乐让人感觉幸福美味。吃饱后才有闲情
逸致去把石器工具磨得更漂亮顺眼一点。羊人是美，女巫头上戴着羊角头冠翩
翩起舞，她寄托的是全族人的期许，期许天降甘霖、狩猎顺利，带来更多的食
物和希望。巫女开始发挥想象力，用身体为媒介去描绘一个抽象的概念。可能
其中一位观众被她感动，用稚拙的技法刻下了巫女的雕像，天天贴身放着。陶
罐上第四个刻符有一说就是"偶"字，意思是木制或土制的人像（图6）。

考古学上有个谜题，世界各地发现了许多史前的小型人像雕塑，但基本都
是丰满的女性。这可能侧面反映了一个以前男性考古学家不太愿意承认的情况。
石器时代，男人们拿着当时的"高科技致命武器"长矛追赶大型哺乳动物，并

图5　不听话剪掉你的头发　刘了了

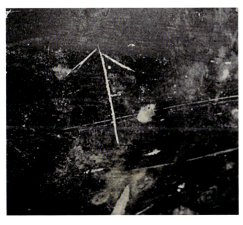

图6　黑衣陶刻符贯耳罐上的第四个刻符　　　图7　玉琮　良渚文化　浙江省博物馆藏

没有十月怀胎还要带孩子的女性重要，反正没有重要到需要把他们的人像留下来的地步。扯远了，总之如果没人唱歌跳舞搞艺术，可能现在博物馆里只有各种石块了。文明的进步很多都建立在高于生活的冒险之上，这个黑陶罐如此特别，也正是因为上面刻有超越实用性的四个刻符。

　　见过良渚城池的建造和玉琮王那惊人的工艺之后（图7），肯定很难用"原始"二字去形容这种文明。但为何这个胖胖的陶罐，会给我们一种史前仪式的狂野想象？是因为黑色和陶的材质。无论是礼天的苍璧，还是礼地的黄琮，玉器因为材质和透明性的关系，总和华美精致、工匠精神联系在一起，会让人展望之后的礼乐时代。而陶土显得更加原始，黑色和表面的剥落让人回望到那个混沌未开的远古，那个"礼"暂未形成，单纯"乐"的时代。

图8 这不就是我吗? 刘了了

黑陶罐和玉琮放在一起，谁是能上春晚的德艺双馨艺术家，谁是放浪形骸的小众地下乐手，简直一目了然。可能正是这样的特性给了艺术家刘了了灵感。他的再创作，围绕着嘻哈文化展开。把陶罐拟人化成了一个穿着牛仔裤白T恤的黑人嘻哈歌手。嘻哈从贫民区出发，受到全球青年喜爱，几乎变成西方的主流音乐。2017年网络综艺《中国有嘻哈》把这种文化带进了大众视野。中国年轻人对嘻哈音乐产生共鸣一点都不奇怪，歌词中诉说的一无所有之苦难、出人头地的欲望，是大多数人成长阶段都感觉得到的（图8）。

无独有偶，邵氏功夫片大流行的年代，美国黑人也很爱看，因为很多功夫片说的也是志向高远的年轻人靠自己的拳脚夺取天下的故事。有种说法是黑人街舞部分动作的灵感也来自功夫片，比如在地上旋转翻滚的"大风车"，似乎就是很多功夫片中的主人公倒地后起身的扫腿动作。

《中国有嘻哈》看起来特别刺激，是因为节目中有"Battle"环节，歌手们乘着节奏，合法合理地互相言语攻击，比谁"Diss"得漂亮。这种儒家语境下的罕见场景让自诩文明的人们看得欲罢不能。陶罐上的第二个刻符，看起来是斧头的形状，被普遍认为是"戉"字（图9—图10）。它让我们想到了以前祭祀场景的血性，还有人类作为需要摄入能量的碳基生物，斗争就是生存本能。

动物世界里的求偶不也老啄来啄去的，鹿角美，能耍帅也能打架。把麦克风和歌词比作自己的武器，的确也是饶舌中常见的句式。克己复礼的教条哪压得住年轻人的力比多。在美国，把黑人嘻哈演唱会比喻成史前祭祀现场不知道是否涉嫌"政治不正确"，但真的很像。

与嘻哈文化配套的视觉艺术是街头涂鸦。涂鸦几乎是学院派的反义词，学院派是在美丽的工作室中精心绘制国家订单，坐等名留青史。涂鸦是在贫民窟墙上快速喷涂的同时，还要躲避警察，而且作品明天就可能被新的涂鸦盖掉了。如今最有名的涂鸦艺术家是巴斯奎特，在中国因周杰伦的喜爱而知名度大增。

图9　黑衣陶刻符贯耳罐上的第一个刻符　　　　图10　玉钺　新石器时代　吴文化博物馆藏

图11　无题　巴斯奎特　1982
　　　纽约现代艺术博物馆收藏

图12　黑衣陶刻符贯耳罐　新石器时代　吴文化博物馆藏

巴斯奎特最初的涂鸦作品就是自己双人组合的名字——"SAMO"。这也是涂鸦艺术最初的功能，自我表达和标记地盘。随后巴斯奎特用魔法般的构图，把杂乱稚拙的线条、神秘的字符、解剖图、非洲面具等众多元素融在一起，形成了让那些硬核艺术批评家都佩服的风格。这种巫术般的观看体验，可能就是作为黑人的巴斯奎特，吸收了非洲艺术的原始性而带来的。

当然，今天巴斯奎特的作品早就步入殿堂，被典籍化了。只有超级富豪前泽友作才能用 7.6 亿美元这种冲破天际的价格把他的作品搬回家去，之后前泽先生也真的上太空了。嘻哈歌手出名后，似乎歌词也没那么带劲了，毕竟动人的稚拙和斗争叙事都已被经纪公司和律师函消解了（图 11）。

和国之重器上的那些工整金文相比，黑陶罐上的四个刻符貌似歪歪扭扭的信手拈来。

良渚先民在刻字的时候应该没有奢望要子子孙孙"永宝用"，更像是一时兴起的"free style"。

"巫钺五偶"（图 12）。

"今天的表演'杀疯了',有五个粉丝送了我人偶。"

和很多史前文物一样,虽然我们无法完全解读,但似乎能唤起我们某种原始的记忆。

直到今天,我们依然会不由自主地随着节奏摇摆;哪怕听不懂,歌词的押韵也总给我们莫名的爽快感,对此类理性无法解释的东西,我们称为"上头"。

其实,我们好像和祖先之间也没多大区别,抬头看,不还是那片天。

透见大邦：何山东周墓与途为盃探古

宁振南

一、从展厅回溯发现

　　吴文化博物馆"考古探吴中"展厅的第三部分名为"大邦之争"，着眼于展现春秋晚期吴国的空前盛况。这里以场景设置与文物展示相结合的方式，营造出一种充满沉浸感的观赏体验。漫天镞矢悬空，兵锋所指处是一整墙面的吴国对外争伐示意沙盘，沙盘上辅以借鉴自战国时期水陆攻战图经典画面而演绎的剪影式动画，沙盘下三面墙裙则塑成残兵断矢的硝烟战场，吴国的浩大军容与一时强盛，跃然可见。

　　与这组场景相对处是一面陈列着 29 件文物的大通柜，其中青铜器 27 件、原始瓷器和印纹硬陶器各 1 件。它们均出土于苏州何山的东周墓葬，组合丰富，构成了在苏州地区较罕见的出土青铜器群。

　　何山是位于苏州古城西部的一座火山岩小山，山体呈北东走向，长约 750 米，海拔 63.8 米，山体表面覆盖有较厚的红色泥土层。1980 年 7 月 6 日，原吴县枫桥公社水泥厂职工在何山取土时，意外挖出了一批青铜器，吴县文物管理委员会经现场调查后判断为墓葬所出，并进行了征集，得器 35 件，包括青铜礼器、兵器、车马器和陶瓷生活器。其中，青铜礼器有鼎 5 件、簋 2 件、盃 1 件、缶 1 件、盘 1 件，兵器有戈 2 件、矛 3 件、镞 14 件，车马器有軎、辖各 2 件，另

图1 苏州何山墓出土的途为盉 吴文化博物馆藏

有小方格纹硬陶罐、原始瓷深腹碗各 1 件。[1] 在这其中，最为吸引人的当是一件造型典雅、装饰精美的提梁盉（图 1）。

这件盉通高 25.2 厘米，提梁高 8.5 厘米，足高 6.8 厘米，口径 10.8 厘米，重 4105 克。器作小口，设浅平盖，广肩上跨夔龙形提梁，盖顶有一活络链与提梁相连，扁圆腹，腹一侧出龙首形曲流，对侧附交龙形鋬，腹下置三短蹄足。器盖、器身、提梁各处饰云雷纹、蟠虺纹、羽状纹、鳞纹、凸弦纹等组合纹带，图案细密繁缛。器肩部铸有篆书铭文一周 8 字："楚叔之孙途为之盉"（图 2）。

此器是苏州地区目前出土先秦青铜器中铭文最多的一件，原收藏于吴县文物管理委员会，随着文博事业发展的需要，于 2020 年移交吴文化博物馆收藏展示，成为吴博"镇馆之宝"之一。

图2　途为盉铭文（引自：《殷周金文集成》09426）

二、盉之名，盉之用

由铭文可知，这件盉的作器者名叫"途为"，是楚国贵族"楚叔"支脉的子孙，为楚王族之后，身份显赫，但其人史籍缺载。按照青铜器命名的一般规则，自铭器且器主明确的，命名宜为"器主名 + 器类名"，如"吴王夫差剑""王子于戈"等。因此，该器可称为"途为盉"，或"楚途为盉"。在1984年发表的简报中，曾将"途"视作器主之名，此后许多研究文章沿用此说，因称该器为"途盉"或"楚途盉"。考诸铭文辞例，先秦时期未见以"为"作动词，而写作"某某为之器"的旁例，且此读法与倗鼎、以邓鼎、克黄豆等例（详见下文）殊然不同。

青铜盉作为先秦时期重要的礼器种类，最早出现于夏代晚期，一直沿用到战国时期，至今多有考古发现。[2]因流行时间较长，盉的形制在不同时期发生了较大变化。早期的盉盖与器连铸，盖的后面有个大孔，腹侧有一支向上斜插的管形流。商末到西周时期的盉，形似执壶，盖与盘以钮链相连，足有柱形、鬲形和丁字形多种。如途为盉这种小口广肩，龙首曲流，扁腹三蹄足，肩跨提梁的盉之形制，是春秋中晚期方才出现的，流行至战国晚期趋于消失。到西汉时期，提梁消失，代之以腹侧长柄。前者称"盉"，多无异议；后者称"鐎"，也有出土自铭器为证。[3]但这种提梁式的盉形器,该是称"盉"还是"鐎",意见不一,近代以来的许多学者习惯于称提梁式盉为"鐎",近年来又出现了"鐎盉"的折中称谓。通过途为盉的自铭,我们可知这种小口广肩,前有流口,上有提梁之器实应称"盉",依器型则可称"提梁盉"。

与形制变化相对应,盉的使用功能也发生了改变。结合文献记载与出土材料分析,早期的盉既可为水器,与盘组合使用,用于盥洗;也可为酒器,用于温煮、调和酒水浓淡。到西周中期往后,随着匜的流行,匜盘组合逐渐取代了盉与盘的组合,盉的水器功能渐失,而更多的用作调酒器。至汉代,提梁消失,变为腹侧置一长方柄的握持式的"鐎"(俗称鐎盉、鐎壶),成为专用的温煮酒器。[4]

三、谁之墓,谁之盉

何山东周墓出土器物具有明显不同的两种装饰风格,反映出不同的文化因素构成。其中,一类以兽蹄足鼎、簋、盉、盘、匜、缶、辖辖为代表,与淅川下寺楚墓[5]、寿县蔡昭侯墓[6]等所出典型楚器,无论器形、纹饰还是组合上都颇为相似,属风格浓厚的楚式青铜器;另一类以薄壁撇足鼎、戈、矛、印纹硬陶罐、原始瓷碗为代表,造型简单,风格质朴,属吴越式地方类型。两种类型中,楚式器为组合礼器,属"永宝用"以象征身份、地位与财富的贵族宝器,而吴式地方类型组合则是凸显实用性的生活器与兵器。[7]

1984 年发表的报告中曾对墓葬的年代、属性作出判断,认为墓主人是春秋晚期伐楚有功的吴国将领,并推论这批楚式器可能来自公元前 506 年伐楚入郢之战。此说得到许多研究者的采信,流传广泛。近年来,朱凤瀚先生根据器物形态特征研究,对何山墓作出了更细致的年代划定,指出何山墓出土器物的年代"约在春秋晚期偏早,墓葬亦属此时"[8]。途为盉在器形、纹饰上与淅川

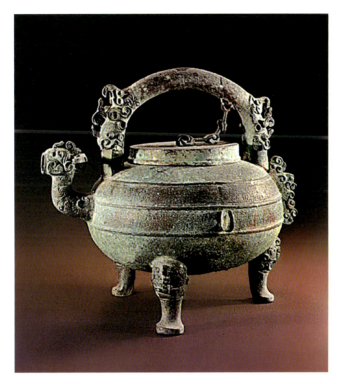

图3　淅川下寺M1出土盉

下寺M1和M3出土的铜盉（图3）十分接近，而与春秋晚期后段的吴王夫差盉[9]、苏州虎丘墓盉[10]、固始侯古堆一号墓盉[11]等存在较明显的历时性差异，其时代在春秋晚期前段当无疑义。由此，也带来了关于途为其人族属及何山墓性质可能性的新的认识。

与途为盉相似的铭文辞例，目前还发现有"楚叔之孙佣之飤鼎"（佣鼎，淅川下寺M1出土）、"楚叔之孙以邓"絴鼎（以邓鼎，淅川下寺M8出土）、"楚

图4　倗鼎铭文

图5　以邓鼎铭文

图6　克黄豆铭文

叔之孙克黄之镐"（瑞士玫茵堂藏）[12]等数例（图4—图6）。这些器主"佣""以邓""克黄"应是具有共同先祖或始祖"楚叔"的楚国贵族，"楚叔之孙"这一称谓强调了其家世，表明了宗属。[13]相似的情况，在楚国另一显赫家族——申县（今南阳地区）公彭氏的铭文诸器中也普遍存在，[14]且蒍氏与彭氏诸器的制作时代相当。

上述铭文辞例及研究成果为我们探讨途为的身份提供了方向。20世纪90年代，在距离出土佣鼎、以邓鼎的下寺墓地仅400米的和尚岭墓地，又出土了克黄升鼎，和尚岭以北3公里的徐家岭也发现了楚墓，三处墓地均出土大量蒍氏铜器群，表明淅川地区是楚国贵族蒍氏的家族墓地所在，[15]成为楚文化研究中具有代表性的重要考古发现。根据李零先生研究，[16]淅川下寺M2的墓主即是佣，时代在春秋晚期偏早阶段，佣也就是记载中的蒍子冯，是楚康王时期的重臣，官至楚令尹（公元前551年至公元前548年在任）。[17]以邓鼎出自下寺M8，其器与墓葬年代皆在春秋中期偏晚阶段。克黄升鼎出于和尚岭M1，墓葬虽为春秋晚期，但这件升鼎具有春秋中期的典型特征，器主克黄也是春秋中期之人。基于以上"楚叔之孙"诸器的分析与年代判断，我们可知器主克黄、以邓、佣及途为，均是春秋中期至春秋晚期前段这一时段内具有亲属关系的楚国王族子孙。

查考文献，在春秋中期至春秋晚期前段的数十年中，蒍氏家族有数量众多的成员担任楚国军政要职，其中多位作为楚将与吴国作战，并屡尝败绩。兹举《左传》数例于下：

《左传·昭公四年》：（公元前538年）"冬，吴伐楚，入棘、栎、麻，以报朱方之役。楚沈尹射奔命于夏汭，箴尹宜咎城钟离，蒍启强城巢（今安徽安庆北，又说今安徽巢湖东北），然丹城州来"。

《左传·昭公五年》：（公元前537年）冬十月，楚联合诸侯、东夷伐吴，

"遠射以繁扬（今河南新蔡）之师会于夏汭（今安徽凤台县西南）……闻吴师出，遠启强帅师从之，遂不设备，吴人败诸鹊岸（今安徽无为县南至铜陵市北沿长江岸一带）……楚子惧吴，使沈尹射待命于巢，遠启强待命于零娄（今安徽金寨县北）"。

《左传·昭公六年》：（公元前 536 年）楚师再伐吴，"吴人败其师于房钟（今安徽蒙城县西南），获宫厩尹弃疾。子荡归罪于遠洩而杀之"。

在吴王馀眛和楚灵王时期，吴楚双方发生的这些频繁的战争行动中，作为楚军将领重要来源的遠氏家族成员，或镇守一方，或率军出击，他们在战败后有很大可能被吴军所俘。途为或即是曾将兵参与此间吴楚某次战争的楚将（是否即文献记载中的某位遠氏楚将，尚难对应），因战败进而损失家族宝器，其人也可能被俘至吴国。若结合途为盉的断代进一步推论，则可将春秋晚期前段发生的这几次涉及遠氏家族成员的吴楚战争进一步与途为相结合，那么公元前 537 年发生的鹊岸之战有可能即是作为楚将（可能是偏将）的遠氏途为战败被俘的时候，也就是何山墓这批楚式青铜器流入吴国的时间背景。

春秋时期青铜器由原产地国至异地他国的流转，有据可证的途径可大致归为如下几类：战争俘获与分器、婚姻媵送、贿赂赠送、聘使赠送、避难携行等，其中又可能因实际情况的不同而发生多人多地的间接流转。自公元前 581 年寿梦称王开始，吴楚由同盟关系逐渐演变为争霸对立，此后的文献记载与考古发现中未见两国有通婚、聘使与盟会等和平交流活动，而皆是相互攻伐的军事敌对行为。自公元前 546 年晋楚第二次弭兵后，吴楚争霸成为春秋历史后段最剧烈的战争方向，双方大战频仍，吴愈战愈强，楚则国力日衰，吴在对楚战争中逐渐占据更多主动，获得更多胜利，无疑将从中俘获数量可观的楚国宝器。当然，部分楚国贵族在国内政治斗争失利的情况下，自楚逃亡至吴时（代表性人物如伍子胥、伯嚭）[18]，也可能将这批青铜器作为财产携运至吴。他们在吴期间可能得到信任，仍为官，甚至将兵，以至死后将这批旧有家族宝器和吴国地方实用之器共同葬于墓中。此外，还有研究者认为，途为盉应是出土地仿制的。[19]如此，也可佐证器主楚人途为曾长期居吴。

由于墓葬原始资料阙如，加之吴楚关系纷繁复杂，何山墓墓主身份终难定论，多种可能性均存在。然而，无论何山墓主是吴人，还是楚降将，抑或奔吴楚人，都不影响我们对其具有多种文化因素杂糅特征的判断。

四、大邦之争，楚风东渐

春秋以来，楚居江汉，吴在三江，二者中心区域东西相距千里。然而，楚国自春秋早期开始，开疆拓土，走向强盛，成为可与晋争雄的南方大国。至春秋中期以后，楚国愈向东方江淮地区扩张，直抵吴国疆界。吴国在春秋晚期快速崛起后，同样向西方江淮地区扩张，两国不可避免地产生了交锋，并在春秋中期和春秋晚期相继称霸。[20]在争霸初期阶段，楚国占据上风，楚军一度攻破吴国腹地朱方。伴随军事扩张而来的，是楚文化因素的不断传播，其先进、独特的文化面貌对素称夷蛮的徐、舒、吴、越等国充满吸引力，从而在长江下游的广大地区刮起一股"东渐楚风"[21]。加之以伍子胥、伯嚭等为代表的楚国贵族因国内政治斗争失利而纷纷奔吴，并在吴国身处要位，吴人在审美意识、物质文化方面不免更受到楚文化风尚深刻而广泛的影响。富有开拓精神的吴人，在吸收楚文化因素的基础上，也积极融入自身特色，推陈出新。

20世纪90年代上海博物馆曾入藏一件吴王夫差盉（图7），器肩部有铭文："攻王夫差吴金铸女子之器，吉"12字。由此可知，这件盉是夫差为吴王时所作器，且有观点认为此盉可能是吴王夫差专为宠妃西施而铸。[22]从成器年代分析，夫差盉较途为盉大约晚几十年，但夫差盉无论器型还是铭文均与途为盉有相似

图7　上海博物馆藏吴王夫差盉

之处。所不同者，唯夫差盉之提梁透雕成一整条龙，提梁两侧腹壁又附加突出的脊饰，使整器看起来更显繁缛华美。这种繁密的透雕扉棱、脊饰等装饰附件，正是吴越地区所流行的。[23]

　　师楚长技，楚才吴用。从楚途为盉到吴王夫差盉，多元文化融合的现象反映出吴国兼收并蓄、开拓进取的文化特性。以一器而透见大邦，吴国能在春秋晚期迅速崛起，争霸一时，与这种文化的特性是密不可分的。

〔1〕　吴县文物管理委员会：《江苏吴县何山东周墓》，《文物》1984年第5期。

〔2〕　陈佩芬：《中国青铜器辞典》，上海古籍出版社，2013年。

〔3〕　戴尊德：《太原东太堡发现西汉孙氏家铜鍪》，《考古》1982年第5期。

〔4〕　韩娜娜：《提梁盉浅探》，《西部学刊》2019年3月上半月刊；卫佳欣：《两周青铜盉及相关问题》，中国社会科学院大学硕士学位论文，2020年。

〔5〕　河南省文物研究所等：《淅川下寺春秋楚墓》，文物出版社，1991年。下文所涉淅川下寺楚墓材料，均参考此作，不再另注。余例同此。

〔6〕　安徽省文物管理委员会等：《寿县蔡侯墓出土遗物》，科学出版社，1956年。

〔7〕　付琳：《吴越之迹：江南地区早期国家形态变迁》，厦门大学出版社，2020年。

〔8〕　朱凤瀚：《中国青铜器综论》，上海古籍出版社，2009年。

〔9〕　陈佩芬：《吴王夫差盉》，《上海博物馆集刊》1996年第10期。

〔10〕　苏州博物馆考古组：《苏州虎丘东周墓》，《文物》1981年第11期。

〔11〕　固始侯古堆一号墓发掘组：《河南固始侯古堆一号墓发掘简报》，《文物》1981年第1期。

〔12〕　葛亮：《〈玫茵堂藏中国铜器〉有铭部分校读》，复旦大学出土文献与古文字研究中心2009年12月11日，http://www.guwenzi.com/SrcShow.asp?Src_ID=1012。

〔13〕　黄锡全：《楚器铭文中"楚子某"之称谓问题辩证》，《江汉考古》1986年第4期。

〔14〕　张丹：《彭氏家族研究》，《珞珈史苑》，武汉大学出版社，2012年3月。

〔15〕　河南省文物考古研究所等：《淅川和尚岭与徐家岭楚墓》，大象出版社，2004年。

〔16〕　李零：《"楚叔之孙倗"究竟是谁——河南淅川下寺二号墓之墓主和年代问题的讨论》，《中原文物》1981年第4期。

〔17〕　本文所涉《左传》文献条目均引自杨伯峻：《春秋左传注》，中华书局，2018年。

〔18〕　根据文献记载，春秋时期楚国人才奔逃至他国而担任要职的不乏其例，至吴国者如伍子胥、伯嚭均发挥了巨大作用，越国的文种、范蠡也是楚人，他们或其子孙死后在墓葬中保留有部分故国旧俗实属正常。

〔19〕　毛颖：《南方青铜盉研究》，《东南文化》2004年第4期。

〔20〕 《荀子·王霸》最早提出"春秋五霸"的概念，楚国在春秋中期楚庄王称霸后继续对外扩张，而吴国则在春秋晚期的吴王阖闾时期一举击败楚国，实现新老霸主的时代更迭。

〔21〕 刘和惠：《楚文化的东渐》，湖北教育出版社，1995年。

〔22〕 朱凤瀚：《中国青铜器综论》，上海古籍出版社，2009年。

〔23〕 郑小炉：《吴越和百越地区青铜器研究》，科学出版社，2007年。

楚途盉与逃离内卷的仙气

罗依尔

　　"内卷"这个词自横空出世之后就一发不可收拾，因为太好用了。它把当代竞争的残酷与结构性困境等复杂因素用一个词就爽快地概括了出来。人们顿时惊觉各行各业、天涯海角全都在卷。

　　韩国人喝冰美式就是用来抵抗内卷的，卷得生育率已经低于1了，难怪拍得出《鱿鱼游戏》这样的电视机。

图1　曾侯乙尊盘　战国　湖北省博物馆藏

　　有竞争的地方都有内卷，青铜器作为中国重要的文物品类，是肉眼可见的卷。

　　图像上的卷，和边骑车边刷题的行为同样令人震撼。湖北省博物馆的曾侯乙尊盘应该是青铜器的"卷王"之一了（图1）。官方介绍当中"巅峰之作"的描述，正说明了如此复杂的器物不可能凭空出世，是建立在夏商周众多青铜器杰作的竞争之上的。纹案上的卷曲线条无疑增添了视觉上

图2　楚途盉　春秋时期　吴文化博物馆藏

的复杂性。想象一下，如果把尊盘上那无数的龙蛇都拉成直线，可能文物看起来就没这么头晕目眩了。

　　吴文化博物馆的楚途盉，远看像是一头温和的骆驼（图2），近看就会发觉"楚味"很浓的复杂装饰。夔龙提梁和龙形首流的头部都用了多个层次的凸起来表现，龙脖子和夔龙的身体也都被密密麻麻的鳞纹所覆盖，这是此盉视觉上最刺激的部分（图3）。

图3 楚途盉细节

图4 楚途盉与吴王夫差盉对比
（左为吴文化博物馆藏楚途盉，右为上海博物馆藏吴王夫差盉）

但战国时期国王和贵族之间的竞争可不会止步，在楚途盉诞生的几十年后，吴王夫差为某位女子造了个相似的盉。谁都想自己的礼物是独一无二的，更别说一国之君了，那可必须要超越楚国的盉啊（图4）。我们来试着对比一下。

光是提梁的部分，夫差就成功发现了让密集恐惧症患者百分百发病的方法，立体加镂空的装饰完胜楚途盉提梁上的那些鳞片，更别说还有两排凸起物——扉棱。再对比两个盉腹部的蟠螭纹，吴王夫差盉的腹部简直赢麻了，在惊叹古代匠人工艺的时候头皮的确也发麻了。看完吴王夫差盉甚至感觉楚途盉简直是极简的。我们见证了在吴楚争霸的背景下，竞争的欲望能让礼器卷到材料和人工的极致。如果一个班级都是学霸，就会出现各种令人瞠目的花式学习大法和父母的"鸡娃"宝典。盉上蟠螭、夔龙以及龙之间的等级差别似乎也隐喻了阶级间的上下关系。

有竞争的地方都是卷的，西方艺术也是肉眼可见的卷。走进中国博物馆，总能见到很多青铜器。走到西方博物馆的一楼大厅，恭候大家的是无数雪白的

图5　从左至右依次是《持矛者》（原作为公元前5世纪）、《赫尔墨斯》（原作为公元前
4世纪）、《拉奥孔》（原作约公元前1世纪）

人像雕塑。很多人像是残缺不全的，比如卢浮宫的断臂维纳斯和胜利女神加起来只有一个头、零条胳臂，毕竟古希腊黄金时期离现在也两千五百年了。

人体，一直以来是西方艺术的至高主题。

在古希腊打赢波斯后的很短一段时间内，人像雕塑几乎登峰造极了（图5）。把掷铁饼者放到宇宙先生健美大赛的会场，那些意大利裔的评委应该也挑不出什么毛病。但之后的艺术家为了超越前人，复杂化、装饰化变成了最直接的选择，黄金年代过去不久，古希腊人体雕塑从七头身变成了八头身，雕塑姿势变得更加妖娆，大理石被打磨得更加光滑，人体细部的刻画越来越多。到了希腊化时期，古代雕塑卷王《拉奥孔》横空出世，父子三人被命运吞噬的场景几乎是石头能够表现出的"抓马"（Drama）的极致了。《拉奥孔》在文艺复兴时期被再发掘后一直影响艺术史至今。

如今的美院学生，依然画着人体；如今的小学生，依然写着兰亭序。

历代文人哪怕从小立志要超越王羲之的行书，应该也是困难重重的，更别

图6　从左至右依次是王羲之的行书、宋徽宗的瘦金体、张旭的狂草

图7　《大卫》　1501—1504

《天才的胜利》　1532—1534

《最后的审判》（局部）　1536—1541

提唐代之后《兰亭序》原作已经没有了，成了一种精神性的艺术存在，哪怕字练得再好也会被一句"原作肯定比你更好"怼回去。对创业公司来说，"换赛道"可能是一种办法，日后，高挑的瘦金体和"抓马"的狂草出现了。20世纪90年代，当代艺术家邱志杰在同一张宣纸上把《兰亭序》写了一千遍，别搜图了，反正就是一片漆黑，显示了不换赛道的最终结果（图6）。

1536年，米开朗基罗开始在西斯廷教堂东面的墙上绘制《最后的审判》，三百多个肌肉猛男围着救世主卷成一个椭圆形。六十多岁的大师是在卷自己，与几十年前自己的创作巅峰时刻对决。毕竟他二十几岁就做出了完美的人体雕塑——《大卫》，大卫那身肌肉的细节和自信的眼神，让《观景殿的阿波罗》之流的古希腊雕塑显得索然无味。文艺不但复兴了古希腊罗马，还超越了它们。米开朗基罗八十八岁高寿，达·芬奇和拉斐尔去世后只能卷自己了，最终走向了矫饰主义（Mannerism）。从三件作品中见证了米开朗基罗人体作品的复杂化。

徐旭峰的作品《迎仙台》给我们呈现了避免内卷的解决方案——保留点仙气（图8）。

艺术家的再创作选择了楚途盉造型比较轻盈的上半部分，它被画在了一扇屏风之上，狭长的画面比例让作品的审美度大增。画面上绿色岩彩的晕染还原了青铜器的历史感，但并没有"三足鼎立"的压力，保留了一些明亮的透明。夔龙提梁上过于密集的鳞片被空中飘来的一缕祥云温柔地遮住，楚文化光怪陆离的浪漫被适度地保留在龙首。为了不吓到观众，艺术家给龙脖子戴了条粉色的"围脖"，似乎昔日的英雄少年到今天已是一个萌萌的大叔了，这种粉色的气息在画面四处弥散（图9）。

楚途盉提梁和盖子之间本来有根锁链，纵观东西，锁链实在是无法给人带来什么好的联想。十几年前，年轻人还流行过在牛仔裤的侧面挂数根铁链的时尚造型，受到了广大家长的共同嫌弃。在《迎仙台》中，象征束缚的链条幻化

图8 《迎仙台》 徐旭峰

图9　《迎仙台》局部1

图10 《迎仙台》局部2

图11 楚途盉局部

　　　看，国宝：吴地文物再想象

成了一位可爱微胖的仙人，乖巧地坐在云端，缓缓降落。经过这一系列的艺术处理后，这件吴楚争霸的战利品俨然成了一座江南烟雨中的舞台。楚途盉是在吴地何山东周墓出土的，出土器物中明显分为了两类，视觉上"重口味"的楚风文物和"口味清淡"的吴风文物。而徐旭峰的作品正是把这两种味道融合在了一起，让江南的朦胧感在盉上生成，形成了全新的艺术风格，正如盉中所混合的水与酒那样。

历史上，文化的交融总是给文明和艺术带来新的活力，比如盛唐的敦煌，比如文艺复兴时期的欧洲。很多艺术家个体在创作生涯中，也都受益于其他文明的启示。现代欧洲名家毕加索、贾科梅蒂、莫迪里阿尼等人都是见到了非洲艺术后，才得以逃离学院派和先锋派的内卷，迈向大师之路。莫奈时代的画家会对浮世绘这种并不高雅的印刷品如获至宝也是同理，他们看到的是东方带来的全新可能性。

秦皇汉武，日理万机这么忙；哪怕有了江山，心里想的还是那仙山。

哪天累了，就独自去博物馆发发呆吧。

愿大家也能找到心中的那片仙境，表情像这胖胖的仙人那般自在。

吴文化博物馆藏青花"一把莲"纹盘刍议

章璐

在吴文化博物馆众多精美的馆藏文物中，明宣德时期的青花"一把莲"纹盘以其精美的纹饰、浓艳的发色而备受瞩目。随着展览实践的深入，对于这件文物的诠释与解读也在不断丰富。赏析这件青花盘，不仅能够体会其时陶瓷烧造的工艺之美，更能在一把莲纹饰深刻的寓意中感受古人托物言志的理想境界。

一、青花"一把莲"纹饰的内涵

把莲纹是指将折枝莲花、莲叶和莲蓬用锦带扎成束状。常见的是作对称构图的一把莲，始见于宋代耀州窑青瓷的印花纹饰。明代永乐、宣德年间的青花盘心，盛行描绘一把莲纹。[1] 吴文化博物馆收藏的这件青花"一把莲"纹盘为明宣德时期景德镇官窑所烧制（图1）。形制作圆唇、敞口、浅弧壁、圈足、平底，沿袭了元末明初的式样。

盘心绘一把莲主题纹饰，内外口沿下饰卷草纹，内外壁绘缠枝牡丹菊花纹。使用青料为进口钴料"苏麻离青"，青花色泽浓艳，并夹有闪烁着金属光泽的黑色斑点，即铁锈斑。局部由于用料过浓，或温度过高，使青花晕散，具有较强的质感。整器硕大，造型规整，以束莲纹为主体纹样，构图简洁，主题鲜明，且发色浓艳，属明宣德官窑器中的精品。

图1　青花束莲纹盘　明　吴文化博物馆藏

　　一把莲又称"一束莲"，是永宣时期较为常见的青花盘纹饰，描绘的即是"一束青莲"纹饰，纹饰以莲花、莲蓬、莲叶等配以茨菇、红蓼、香蒲等水生植物，再以锦带系在一起。莲花、茨菇、红蓼均有深奥的喻人准则。"莲"与"廉"谐音，寓意清正立本，廉洁自好。茨菇是一种水生植物，叶子好似一个个箭头，看似锋利，但并不伤手。《农政全书》记载："慈姑（同茨菇），一根岁生十二子，如慈姑之乳诸子，故名。"寓意为官者应爱民如子，为官一任，哺育一方。在越王勾践"目卧则攻之以蓼，足寒则渍之以水"的故事里，正是用带有刺激性的蓼花来刺痛自己的眼睛，以使自己能不辍于朝政，这也是君子不忘初心的印证。香蒲叶狭长，穗细小，象征了君子谦逊无私的品德。盘内外侧绘制的菊花和牡丹纹，也有一定的象征意义。菊花和牡丹都象征了君子刚正不阿的品质，

　　　看，国宝：吴地文物再想象

相传武则天时，有一年冬季很冷，武则天命令百花齐放，只有牡丹没有开花。武则天把牡丹贬到洛阳，没想到牡丹到了洛阳以后开花很是鲜艳。武则天知道后，一气之下命人用火烧牡丹，没承想牡丹留下来的根系依然生长旺盛，因此人们把洛阳牡丹也称作焦骨牡丹，将其视作一种不畏强权的花卉。以诸类花卉装点瓷盘，取名"一把莲"，谐音"清廉"，足见人们对警示官吏清廉为政的重视。

明代开国皇帝朱元璋告诫官员廉洁自律、清正为官的故事在民间广为流传。相传青白相间的青花瓷引起了朱元璋内心的共鸣，特别是寓意清廉高洁的莲花纹饰更是深得圣心。其后的永乐和宣德帝延续了这一传统，他们让御窑特别烧制这种带有莲纹图案的瓷盘，作为赏赐给大臣的物品，勉励官吏们要像一把莲一样，集多种美德于一身。

以莲花作为纹饰主题，与中国文化完美结合。莲花自古受到社会各阶层的喜爱，认为其端庄、高雅、中正、平和。一把莲通过艺术的表现形式对古代官吏起着监督、借鉴的作用，同时也传达了人们的吉祥心愿，体现了中国文化含蓄内敛的特性。

莲花纹在陶器、瓷器中经久不衰。不同时代的器物中，莲花纹也呈现出不同的特点。一束莲、缠枝莲纹是明代瓷器中的主题纹饰，缠枝莲也作为辅助纹饰，绘制于瓷器的口沿、颈部或肩部。

目前所见海内外多家文博机构都收藏有永宣时期的青花"一把莲"纹盘（表1）。除表中示例外，全国还有多个省、市级博物馆都收藏有永宣时期的一把莲纹盘。明永乐和宣德年间虽夹有洪熙朝，但洪熙朝历时不足一年，因此永青与宣青在风格上高度相似，在陶瓷史上被视为同一阶段，并称"永宣青花"。仔细观察不难发现，无论是从器形还是纹饰风格看，永宣二朝的一把莲纹盘几乎完全相同。

表1　海内外文博机构所见永宣时期青花"一把莲"纹盘示例

永乐时期		

台北故宫博物院藏	湖南省博物馆藏	扬州博物馆藏

宣德时期		

故宫博物院藏	苏州博物馆藏	徐州博物馆藏

东京国立博物馆藏	台北故宫博物院藏

二、永宣时期景德镇窑青花瓷的发展

（一）时代背景

明朝是一个由农民起义推翻元王朝而建立起来的政权。在经历了战乱与动荡后，明初统治者采取了一系列的措施，用以恢复和发展农业生产，加强中央集权。明代早期社会安定、国力强盛，洪武、永乐年间，除了原有的城市继续有所发展外，南北各地又出现了一批新的商业中心。明成祖迁都后，疏浚会通河，畅通漕运，使运河沿线的一些城市也繁荣起来。城市的繁荣，增加了对手工业产品的需求。居住于城市的政府官吏、大中地主和富裕商人，以及为这些人服务的各阶层的城市居民，对包括瓷器在内的手工业品都有需求。加之永乐三年（1405）至宣德六年（1431）郑和八次出使"西洋"，促进了海外贸易的发展，刺激了手工业生产的繁荣。因此，永乐、宣德年间瓷器生产出现了新的局面。[2]

入明后，中国制瓷手工业发展进入了一个新的阶段。经济的发展刺激了陶瓷的市场需求。[3]由于宋元时代的一些瓷窑衰落或停烧，各种具有特殊技能的制瓷工匠向瓷业发达的景德镇集中，景德镇因此形成了"工匠来八方，器成走天下"的局面。

宋应星在《天工开物》中说："合并数郡，不敌江西饶郡产……若夫中华四裔驰名猎取者，皆饶郡浮梁景德镇之产也。"说明景德镇窑一直以来都以产量大、销路广而闻名。景德镇窑自元代开始，制瓷工艺有了极大进步，由于瓷土配方的改变，胎体烧制时不易变形。制胎时采用分段拼接法，使得元代瓷器开始出现超越前代的高大形制。

景德镇位于昌江与其支流西河、东河的汇合处，四面环山。优越的自然条件、丰富的自然资源、成熟的技术条件，在国内外市场需求的刺激下，明代景德镇的制瓷业在元代的基础上突飞猛进。其生产规模急剧扩大，产量和质量逐渐提高，并在此设立了御器厂，景德镇自此成为全国的制瓷手工业中心，被誉为"瓷都"。清代仍继续沿用御器厂，改称"御窑厂"，直至清朝灭亡。御器厂的任务是烧造官窑器供宫廷使用，包括朝廷对内、对外赏赐和交换的需要。御器厂采用分工协作的形式，使生产的专业化程度大大加强，提高了生产力。御器厂平时由饶州府的官吏管理，每逢大量烧造时，朝廷都会派官至景德镇"督陶"。同时摒弃了元代旧有的部分匠籍制度，放宽了对工匠人身自由的限制，使工匠成为半自由化的手工业者，一定程度上提高了他们的生产积极性。

在统治者不计成本的投入与支持下，景德镇御窑瓷器质量极高。精细的制作代表了明清时期制瓷手工业的最高水平。胎料加工细腻，质地坚硬、致密，多呈白色，釉面光洁、莹润。瓷器种类丰富，其中青花瓷器为大宗，数量最多。

（二）永宣时期景德镇窑青花瓷的特点

永宣时期经济繁荣、制度开明、文化多元，综合国力名列世界前茅。《浮梁县志》中记载："明洪武初，镇如旧，属饶州府浮梁县。始烧造，岁解。有御窑厂一所，官窑二十座。宣德中，以营缮所丞专督工匠。正统初，罢。"可见当时的统治者对景德镇青花瓷烧造的重视。这样由政府兴建御窑厂，控制青料配方和工艺技术，发展官窑瓷业，在原料、工艺方面不计成本，使得这一时期的官窑青花在掌握着最精湛的制瓷技术的基础上，得以烧造出全国最精美的青花瓷器。

永宣时期的青花瓷器，以其胎、釉精细，青色浓艳，造型多样和纹饰优美而负盛名，被誉为我国青花瓷器的黄金时代。[4]这一时期的大型盘、碗，制作一般比较规整，变形较少，说明当时陶车制坯和烧窑技术的成熟。器物造型多样，在图案装饰上，继承、融合了宋代磁州、扒村窑至元青花的笔绘风格向着更秀丽、典雅的方向发展。纹饰以植物纹为主。

在制作风格上，一改元代的厚重雄健而趋于清新流丽。永宣时期官窑青花瓷器的胎、釉制作技术，比元代有了进一步的提高。胎质细腻洁白、釉层晶莹肥厚、青花色泽浓艳，是这一时期最主要的特征。永宣官窑呈现出细腻繁复的纹饰之美，明艳灵动的釉色之美，与其所用的青料密切相关。

历来传说，这一时期所用的青花料，是郑和出航西洋从伊斯兰地区带回的苏麻离青。这种青花料含锰量较低，含铁量较高。由于含锰量低，就可减少青色中的紫、红色调，在适当的火候下，能烧成像宝石蓝一样的鲜艳色泽。但由于含铁量高，往往会在青花部分出现黑疵斑点。这种自然形成的黑斑，和浓艳的青蓝色相映成趣，后世也把这一点当作判断青花瓷年代的依据。[5]

关于永宣青花料用苏麻离青的记载，最早出现在成书于明万历十七年（1589）以前的《窥天外乘》。该书作者王世懋说："宋时窑器，以汝州为第一，而京师自置官窑次之。我朝则专设于浮梁县之景德镇，永乐、宣德间，内府烧造，迄今为贵。其时以骔眼、甜白为常，以苏麻离青为饰，以鲜红为宝。"成书于万历十九年（1591）的黄一正的《事物绀珠》也有相同的记载。[6]

从洪武到宣德，政府基本上把整个力量都放在了景德镇官窑上。从最初官窑的设立，到御器厂专门为皇室生产，都为永乐、宣德时代官窑青花瓷的生产提供了很好的物质基础和保证；匠籍制度的改善初步提高了手工业工人的地位和生活条件，调动了他们的生产积极性。在不计成本、务求精美的宗旨下，景德镇成就了永宣时代青花瓷器的辉煌。《景德镇陶录》评价宣德瓷器"诸料悉精，青花最贵"。一把莲纹饰之所以举世瞩目，为人们所喜爱，是由于它历史悠久、工艺精湛、寓意深刻，是代表东方智慧的独特陶瓷艺术。

自明代成化朝开始至晚清民国，均大量仿制青花"一把莲"纹盘，最为成功的当属清代康熙、雍正、乾隆时期，同样包含了统治者用来鞭策、明鉴臣子廉洁奉公的含义。[7]以清宫旧藏的宣德青花为蓝本精心烧造，造型、尺寸、纹饰都酷似原作，这显示了后人对一把莲的推崇。雍正时期的青花大盘，多数是在明代永乐、宣德年间青花图案的基础上加以创新并形成了自己的特色；但雍正朝仿制的一把莲，色泽较为灰暗，造型古拙规矩，缺乏自然灵动之感。

三、展览中的再诠释

在吴文化博物馆的展览实践中，对于青花"一把莲"纹盘的诠释，突破了以往展陈语境中对陶瓷工艺、永宣青花在陶瓷史上重要地位的强调，以"廉"为主轴，通过对一把莲纹饰内涵的讲述，将吴地历史上的廉洁故事、人物串联起来，给人以耳目一新的观赏体验。

莲作为我国常见的水生花卉，自古以来就受到人们的喜爱。莲不仅与传统的饮食文化息息相关，而且由于"莲"与"怜"同音，古诗词中还以莲来表达爱情。魏晋南北朝以来，莲成为士大夫追求高尚情操的象征，周敦颐的名作《爱莲说》即为这种追求的深刻表达。莲不仅深受儒家文人的喜爱，同时也是佛教文化的代表意象。由此可见，由"莲"到"一把莲"，这种一以贯之的独特文化意象，值得我们总结和继承。一把莲中各类植物的象征含义，其本质是基于中国古代劳动人民在长期的生产实践中产生的喻人智慧，是一种情感具象化的表达。

对于廉政展来说，讲好廉政人物的事迹，点明廉政人物所具备的品格，理清廉政精神形成的时间脉络，是展览最主要的任务。钟灵毓秀、人文渊薮的吴地，孕育了崇文睿智、精致典雅的吴地文化。吴地历史上的清官廉吏，上至一品大员，下至九品巡检司，他们以自己独特的人格魅力，不断传播着清明正气的吴地廉洁文化，深刻地影响着一方的官风、民风、文风和社会风气，使得吴地逐渐形成了富有地域特色的先进文化特质。这样的文化特质与一把莲纹所蕴含的深刻寓意辩证统一，一把莲纹更是给吴地的廉洁文化赋予了鲜明的"廉洁商标"。在展陈语境中，将青花"一把莲"纹盘的艺术元素加以强调、再诠释是展览中最大的亮点。以"莲者，廉矣"、由青花瓷中的"青""白"引申为"清白"这种廉洁精神的象征性表达语言，反复强调并加以渲染，最终形成了独特的参观体验。

〔1〕　冯先铭主编：《中国古陶瓷图典》，文物出版社，1998年。

〔2〕　中国硅酸盐学会编：《中国陶瓷史》，文物出版社，1982年。

〔3〕　陈磐：《明代永宣青花的工艺特征与审美观照》，《中国陶瓷》2019年第12期。

〔4〕　中国硅酸盐学会编：《中国陶瓷史》，文物出版社，1982年。

〔5〕　肖祺：《明代永宣官窑青花瓷》，华东师范大学出版社，2010年。

〔6〕　中国硅酸盐学会编：《中国陶瓷史》，文物出版社，1982年。

〔7〕　王希云：《永宣年间"一把莲"纹饰在陶瓷中的运用研究》，《甘肃联合大学学报(社会科学版)》，2013年第29期。

青花瓷与猫的世界性流行

罗依尔

青花瓷、猫、世界，这三者能扯上关系吗？ 连接它们的，是自然。

从欧洲文艺复兴开始，油画大师们已经能像人肉照相机那样在画布上再现地球上的万物了。正如今天的少年们学会了建模后不但能赚生活费，还总忍不住会在软件中捏出心中的女神。西方艺术家们也毫不吝啬地开始画出想象中的神仙和仙境。1514 年，威尼斯画家乔瓦尼·贝利尼已是耄耋之年，竟然一反常态地画了一幅大型"异教"宴会场景（图 1）。画面中的神仙都如古希腊雕塑那般隽永，表情也略显忧郁，反而凸显了画面上最亮眼的存在——三个青花瓷盆。

瓷器的温润材质，让习惯了陶和金属的欧洲人欲罢不能。

西方人对瓷器的热爱一定很难被理解，毕竟对我们来说那只是饭碗而已，从小到大总砸碎过几只。这种热爱应该和以前旅游团打折季时去法国香榭丽舍大街抢购的盛况相仿。因为太过稀少，在文艺复兴时期油画上的瓷器，总是被放在神圣的场景之中。在曼特尼亚的《三王来朝》（图 2）里，有一位来自东方的国王，脑门和头型很像寿星，手中端的瓷碗里盛满了黄金，而小小救世主似乎对其他两人的献礼不感兴趣，光盯着青花瓷看。

好奇心旺盛的艺术家们在文艺复兴时期应该还买不起这种当国礼赠送的东方奢侈品，但只要他们在宫廷里见到过，总会想办法画到自己的作品中，或用手稿记录下这种奇妙的相遇。德国艺术家丢勒就在一张设计手稿中留下了几件瓷器（图 3），左边两件青花瓷显而易见，右边那个应该是被拉长的定窑白釉

图1 《诸神之宴》 乔瓦尼·贝利尼与提香 1514

图2 《三王来朝》 曼特尼亚 1495—1505

图3　丢勒手稿　　　　　　　　　图4　仿定窑白釉"云麓"款铺首耳瓶
　　　大英博物馆藏　1515—1518　　　　明　故宫博物院藏

铺首耳瓶（图4）。但仔细观察就会发现丢勒对三件瓷瓶都进行了挪用和改造：两个瓷瓶被加上了古希腊陶罐常见的把手，最精妙的还是把定窑瓷瓶左右两边的铺首放到了最下方的青花瓷上，不但改成了三个，还把从饕餮进化而来的铺首改成了狮子叼环。

　　不愧是能对标达·芬奇的绘画大师，丢勒给我们上了一堂教科书般的文物再创作课，在一张手稿上就悄声无息地把瓷器优美的器形和纹案都学走了。那只来自印度的犀牛应该也没料到，它会因为丢勒的版画而成为世界上最著名的犀牛，虽然丢勒都没见过它，只是参照朋友信中的手稿和描述加点幻想就画成了。

　　聪明的艺术家模仿，伟大的艺术家偷窃。

这句话和丢勒都证明了艺术创作的基础就是临摹，不然考美术学院为何还要天天画大卫头像呢？

这张有瓷器的手稿仿佛画出了占有欲的几个阶段，从憧憬到拥有，然后就是改造和生产了。这也不是什么新鲜事，从古罗马开始，欧洲一强大，就会"拔"几根埃及法老的方尖碑插在自己的广场上，然后和丢勒一样，在古老的方尖碑上加些诸如十字架的自身文化元素，彰显对其完全的征服（图5）。这也不是什么怪事，拥有了梦寐以求的汽车或摩托车后，很多人不都打起改车的主意吗？哪怕年检时还要花钱改回原型。

改造还不满足的话，就自己造吧。炼金术在文艺复兴时开始大流行，虽然"贤者之石"更像宗教传说，但破解中国瓷器的试验从未间断，万一成功的话可算是真正的"点土成金"了。正如我们想象的那样，16世纪的炼金术士们在筹划了精密的生产工序后，打开窑的瞬间，看到了很多陶器（图6）。

纵然失败也不能放弃梦想，艺术家在马约里卡陶盘上巨细靡遗地画下了一位青年艺术家在画青花瓷盘的场景，陶盘上的艺术家一度被错认为是拉斐尔（图7）。但重要的是这幅

图5　梵蒂冈圣彼得广场上的古埃及方尖碑

图6 《陶艺三书》中的插图 皮科洛帕索著
约1557 伦敦V&A博物馆藏

陶盘画侧面证明了青花瓷能流行西方的原因——釉下彩。正是因为青花瓷上画有各种图案，酷爱形象的西方人才会欣然接受。在景德镇青花瓷风靡世界前，其实商道上流通着很多龙泉青瓷，但西方人可能比较难以直接理解这种几乎没有图案、特别"老庄"的东西。让那时的西方贵族在汝瓷和青花里二选一，估计选青花的要多很多。

1575年前后，不光有钱还有艺术品位的美第奇家族开始烧制青花软质瓷，由于烧造时间只有十几年，现在存世只有60余件，稀有得像"西方的汝瓷"。相传"豪华者洛伦佐"就收藏了51件真正的瓷器，这些东方珍品还时不时被当成外交礼品送人。美第奇家族世代相传的艺术赞助经验和品位似乎让他们理解了青花瓷上的留白和图案本身一样重要，的确有几件美第奇瓷器称得上清雅（图8）。

图7 马约里卡陶盘 约1510—1520　　　　　　图8 美第奇瓷器 约1575—1587

但在其他赞助人和工匠的眼中，这些来自东方的植物图案，可能还是太扁平了，只有线条和单色的设计对他们来说真的少了些什么。在一本1557年前后讲述瓷器设计制作的书籍中，我们非常明确地看到了明青花上的花草纹案（图9）。但这种以线条为主的中式图案设计在书中只有一页半，剩下的设计图上的花花草草都开始有了厚重的体积感和阴影。

这种真实复写大自然万物的模式和图像，我们平时常常能在自然博物馆中看到。在青花瓷大量销往欧洲的同时，西方也开启了大航海和殖民时代，随船的艺术家在新大陆上，依然用人肉照相机一般的手法记录下无数奇珍异兽。当然，随后还有几声枪响，那些动物和植物就成了标本，标本和手稿被大量运回欧洲后也就慢慢形成了自然博物馆（图10）。这是西方近代人与自然关系的真实写照，总之就是占有。同时，中国的艺术家们依然追随着老庄，躺在山林之中。

文艺复兴之后的巴洛克时期，数以百万计的青花瓷销往欧洲，并且有更多的青花瓷在欧洲被制造出来。

这种以前只有众神和国王使用的器皿也开始"飞入寻常百姓家"了，欧洲正式开始吹起"中国风"。我们常常能不经意地在油画中找到它们的身影。在

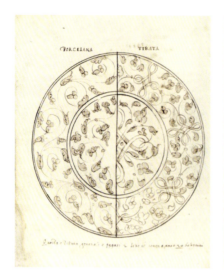
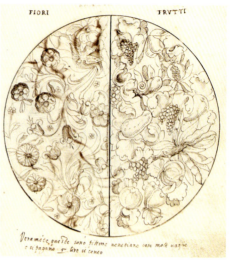

图9 《陶艺三书》图绘及皮科洛帕索所做瓷盘
约1540—1550

看，国宝：吴地文物再想象

图10　约翰·怀特手稿　16世纪末

荷兰的黄金年代，维米尔不但画下了戴珍珠耳环的少女的惊鸿一瞥，也在接近毛坯的室内近景中画上放满水果的青花盆。可能怕画面过于四平八稳，维米尔还让瓷盆微微倾斜，有几个水果调皮地逃了出来，还有个桃子被切开后展现在观众面前（图11）。如果在中国看到一枝花开出墙外的图像，总会让人联想到那顶绿油油的帽子。外国专家也一口咬定画面中的女孩有了婚外情，在读情人寄来的书信，因为鲜艳欲滴的水果怎么想都不能象征贞洁。而且画面左边窗户大开，更别说用 X 光扫描这幅画时发现，白墙上以前其实挂了一幅丘比特。不管这位妻子是否愿意在家做一块"望夫石"，但当时真的有很多荷兰老公在中国或新大陆做跨国生意，写下一本本带插图的中国游记回国发行，相当于出个差顺便把 Vlog 也拍了。总之，随着印刷术的流行和识字率的上升，这些与中国相关的书籍也助长了那时欧洲对中国的憧憬。

　　顺便一提，荷兰等新教国家不能有圣象崇拜，因而大教堂里巨大的宗教人

图11　《窗边读信的女孩》修复前后　维米尔　1657—1659

像作品订单消失了。正因如此，画家们反而能把部分创意专注到器物上，因此留下了不少对瓷器的精彩描绘。到了今天，这些油画日积月累的龟裂，带给人一种瓷器开片的独特美感（图12）。

在这幅描绘中国商店的小画中（图13），我们看到屏风、漆器和数不清的瓷器在勾起欧洲人的购买欲。商店的上方有很多东方绘画，但悬挂和观看方式依然是非常西方的。不管是彩色的细密画还是黑白的山水，都被装裱在画框之中。这种占有后改造的模式，我们在前面提到的动植物标本、埃及方尖碑和丢勒的手稿中都看到过。

我们也不会奇怪路易十四的凡尔赛宫中充满了被金色金属镶嵌的瓷器（图

图12　威廉・卡尔夫静物画局部　1660

图13　中国商店内景　1680—1700

图14 康熙年间青花瓷，路易十四时期镶嵌了鎏金底座

14）。毕竟是太阳王嘛，照得整个凡尔赛宫都金灿灿的，宫中的瓷器也理所应
当地要沐浴在华丽的金光之中。既然青花已经走进寻常百姓家，连伦勃朗和维
米尔这样的画家都买得起，那国王们只能更大鸣大放一点：欧洲各地都建起了
瓷宫。凡尔赛宫以前还有从建筑外立面到内部都被瓷铺满的特里亚农瓷宫。

"蒙娜丽莎瓷砖，大卫拖把专家。"

家装相关广告好像只要和外国搭边就高大上了，在新中式和"侘寂风"流
行之前，"简欧"统治了我们太久，神州遍地都是欧罗巴小区。而18世纪欧
洲中国风的流行也到了顶峰，连家里瓷砖都是青花风格（图15）。

看看有些瓷宫，真的满到一个青花瓷盘都塞不进去了（图16），而且这些
瓷宫的主人也马上就要被各类革命或者拿破仑赶下台。接手中国风的是明治维
新之后的日本，随着一届届世博会上日本馆的出现，欧洲上流社会开始吃寿司，
凡·高开始临摹浮世绘作品，把自己头发剃光幻想当个日本僧侣。

图15　中国风瓷砖　1750—1775

图16　德国夏洛滕堡宫瓷宫　1695—1699

图17　伦敦滑铁卢桥　莫奈　1904

　　在画出《日出·印象》之前，莫奈为了逃避普法战争的兵役去了伦敦，有些学者认为莫奈的印象派画风受到了英国艺术家透纳的影响（图 17），毕竟透纳在印象派崛起的几十年前就画了好多雾蒙蒙的风景画。无论英法学者怎么抬杠，我们可以确定的是，雾都伦敦的空气质量应该更差一点，印象派那看似江南烟雨的朦胧里肯定带着些有毒的颗粒物。工业革命破坏自然的报应快速地降临下来。自 19 世纪开始，在欧洲人涌向房价越来越高的城市的同时，城里人也开始乘着蒸汽火车逃离繁华，亲近自然。

　　如今的大都市中，人们离自然太远了。建筑里长棵草，都能变成网红打卡点。

十二节气全靠朋友圈里的海报而知晓。有时出门下雨还想，老天爷的手机里没有天气预报 App 吗，不是显示阴天来着？

当代生活中，环顾室内空间，我们能接触到最接近大自然的存在是什么——是猫。它们冷不丁地纵身一跃与时不时伸出的利爪都在彰显自己在野外的生存能力。人类忙了几千年也没有驾驭这小小的野兽，还老是被猫驯服，称其为"主子"。有时，猫身上那种自由自在的随机性，就像强大的自然现象，也像一件无法被装裱束缚的当代艺术品。不管李诞会去救猫还是救《蒙娜丽莎》，但对猫来说，《蒙娜丽莎》可能也就是块木板。

在艺术家施皓敏对青花瓷的再创作中，瓷盘上的花草图案已开始生长蔓延，一个青花瓷盘可以改变整个空间的气氛（图 18、图 19）。自古以来，西方艺术把人体视为至高的主题，用大理石塑出古希腊运动员完美的六块腹肌，而中国艺术崇尚自然，瓷器本身就是火与土的艺术。源自大地的瓷土借水成坯，在依山傍水的龙窑中，火焰赋予其生命。吴文化博物馆所藏的青花束莲纹盘更是全部被植物纹样所覆盖，平静的表面下涌动着大自然的能量（图 20）。细看上面的青色，有细腻的晕染层次，瓷器烧造的过程本来就有一定的随机性。在艺术家的再创作中，我们也能看到微妙的颜色变化，画面中时不时染出些紫色和绿色。

在万物互联、数据量化、算法主导的时代，我们可能更需要猫来慰藉，哪怕是突然被猫咬了一口。它们自由自在的生活方式与傲娇态度，引起年轻人的共鸣，也快速占领了短视频网站的推荐位。

当然，猫和青花瓷都是让我们在室内遥想自然的媒介，最重要的还是出去

图18　青花喵　施皓敏

　　　看，国宝：吴地文物再想象

图19　青花喵的穿越　施皓敏

图20 青花束莲纹盘 明 吴文化博物馆藏

走走。越后妻有大地艺术祭引入中国后，选的是景德镇的浮梁和南海，也有更多的本土大地艺术节在路上。宗旨很简单："选离城市最远的地儿，做最艺术的事儿。"自然能治愈我们，也需要我们的治愈。

严山窖藏玉器文化因素的多样性

马鸣远

1986 年 4 月 20 日，吴县文物管理委员会在吴县严山调查了春秋晚期出土玉器遗存并对出土遗物进行了征集。由于为爆破采石时发现，器物出处已被破坏、玉、石器放置位置及组合情况均不详。征集出土遗物 402 件，包括玉器、彩石器和料器，其中玉器 204 件。[1] 由于没有伴出可供考定年代的其他器物，原报告编写者通过出土玉器的造型特征和装饰风格推断出窖藏的年代及国属。关于严山出土玉器遗存的性质，学界仍存争议，但遗存内出土玉器的纹饰精美、种类多样和来源广泛得到学界公认，这是毋庸置疑的。

春秋时期交通便利，商业发达，各国之间朝聘、战争、交易、往来频繁，其交往程度可能早已超出今人的想象。文化的涌动也促使着器物的传播，玉器的收藏和流传早已超越国家的界线。本文以文化因素分析为法，尝试对严山窖藏玉器的国属进行讨论研究，探求其反映的历史文化背景。

一、严山窖藏文化因素分析

文化因素分析法，"简单讲就是分析出一个考古学遗存内部所包含的不同文化因素的组成情况，以认识其文化属性，即确定它在考古学文化谱系中的位置"[2]。文化因素的分析对象，"几乎可以包括所有的考古遗存及其特征，它既可以是一些具体的遗迹和遗物，也可以是建造这些遗迹和制作这些遗物的技术，同时也涉及一些精神文化领域的内容，如文化习俗等"[3]。文化因素分析主要以文物的形制、纹饰、工艺分析为主。由于吴、越、楚三国都曾在吴地进行过统治，在文化上交流较为频繁，而作为礼仪用器的玉器在形制、纹饰方面变化比较缓慢，不像陶器等日用器那么敏感，工艺也在一定程度上反映着不同地区的文化面貌和制造水平。故而，我们可以通过对不同地区特有的文化因素及其特征进行分类讨论，对严山窖藏玉器的国别归属进行判别。

首先，吴玉、吴国玉、吴式玉等概念经常出现在考古学研究中，不同的称呼具有不同的概念和内涵。一般来说，吴国玉是指春秋时期吴国生产、使用和流传的玉器。吴国玉有着明确的时空范围，学术界也将吴玉视为吴国玉的简称。而吴式玉是从类型学角度对具有吴国地区特点的玉器所作的定义，这些玉器受到制玉技术、文化、习俗的影响，表现出明显的地域文化特征，类似的概念还有越式玉、楚式玉等。也就是说，吴国玉仅仅指的是吴国玉器，吴式玉指代的时空范围比吴国玉更大，代表着具有特定形制、纹饰及加工工艺的一批玉器。正是因为不同地域的玉器具有迥然不同的特点，我们才能够将文化因素分析法应用到严山窖藏玉器研究中，进而推断出玉器的国属。

（一）与吴式玉器有关的文化因素

根据目前出土玉器材料的研究和分类，这批玉器中有一部分其形制和纹饰不见于中原、楚、秦等地出土玉器，具有明显的吴国地域特点，应是吴国玉工所造，可称为吴式玉器。[4]

虎形玉佩（J2:51）一对（图1）。扁平，虎为蹲伏状，头微昂，有一小孔，似为目。此佩与河南淅川下寺一号墓所出的虎形玉佩较为一致。两件都为一块玉料从中间剖开，一切为二制作而成。器表仍有锯痕。[5]不同的是严山窖藏出土玉佩的卷尾、背部前半段和上前肢，以及腹部下端和下前肢，都保留单线

图1　虎形玉佩　春秋时期　吴文化博物馆藏

图2　虫节形玉牙　春秋时期　吴文化博物馆藏

图3　"有角"玉牙　春秋时期　吴文化博物馆藏

阴刻的弧线，这是吴式玉器的一个典型特点，说明此件玉佩经过改制，改制者很可能是吴国玉工。

虫节形玉牙（J2:62）一对（图2）。形似虫节，牙身有多道阴刻弦纹。将玉器造型琢成虫节状并间隔饰绚索纹，是春秋中晚期楚式玉器的典型做法。[6] 具有这种形制和纹饰的玉牙，目前发现于河南淅川下寺楚墓M1—M3[7] 和安徽寿县蔡侯墓[8]，已有十余件之多。相比较，严山窖藏出土的这一对玉牙并无绚索纹，与楚式虫节形玉牙并不完全相同，我们认为这件玉牙为吴国玉工效仿楚式玉器造型制作的玉饰。

"有角"玉牙（J2:63）（图3），体扁平，两宽面饰浅浮雕龙纹，一侧边缘下半部分饰绚索纹。粗端一侧琢出一对"角"，其上同饰绚索纹。此牙宽面上的龙纹多数不完整而且内凹的一侧无廓，显然是经过改制的结果。

（二）与越式玉器有关的文化因素

此批玉器还有一类具有传统的越式玉器特点，如带角的玦形饰、独具特色的水波纹等。

绿松石玦形饰（J2:87）（图4），扁平，厚薄不匀，周缘有角。这件玦形饰的左右与外侧，各有三个山字形凸饰。有角玦不见于黄河流域，仅见于长江以南地区，尤其是我国东南沿海地区江苏、浙江、台湾、广东、广西一带，是古越族的一种极富有民族特色的耳饰。最早的具山字形凸饰的玦，出土于广东曲江石峡遗址上文化层的墓葬，年代相当于商代晚期。[9] 严山窖藏这件玦形饰继承了越式玦的传统，尤其值得注意的是，这件玦形饰其缺口相对的一端有一孔供穿绳之用，显然被当作配饰而非耳饰，这也表明了玦形饰的新功能。

水波纹玉龙首珩（J2:46）（图5），原定名璜。在此，我们需对玉璜和玉珩的判别作简要说明。《国语·晋语二》韦昭注云："珩形似磬而小。"据考

图4　绿松石玦形饰　春秋时期　吴文化博物馆藏

图5　水波纹玉龙首珩　春秋时期　吴文化博物馆藏

证，玉璜与玉珩的区别在于截然不同的佩戴方式：佩璜是将璜的拱面朝下凹面朝上，佩珩是将珩的拱面朝上凹面朝下。[10]正是因为佩戴方式的不同，璜、珩上所琢的孔洞位置也不同，璜为器物两端，珩为器物中部。因此，器物孔洞数量和位置是判断璜、珩的重要依据。[11]珩身较窄，饰双钩阴线水波纹。水波纹饰在商、西周时期中原地区不见出土，被认为是越式玉器的一种具有特色的纹样。[12]

（三）与中原玉器有关的文化因素

严山窖藏玉器中，有一部分其特点与中原春秋晚期玉器基本相同，应是来自中原地区的玉器，这类玉器有璧、环、龙首珩、龙首牙等。

玉璧（J2:13·2）（图6），两面各饰七个同向的倒梯形浅浮雕龙纹，龙的上颌、角及舌分别加饰极细的绞索纹。春秋时期的玉璧和玉环，其上所饰龙纹通常是同一头向，至于龙的上颌、角、眉和舌加饰绞索纹则较为少见。不过，春秋晚期河南辉县琉璃阁墓甲出土的一件玉牙，其上的浅浮雕龙纹的上颌、角和舌也饰极细的绞索纹。[13]据此，我们认为这件玉璧很可能来自中原地区。

玉龙首牙（J2:55·1）（图7），通常成对，器体扁平，呈弧形，下端成截尾状，牙身饰浅浮雕龙纹。具有这种形制和纹饰的玉龙首牙，在河南新郑郑韩故城墓M5[14]，辉县琉璃阁墓甲、墓乙、墓十六[15]和山西长治分水岭270号墓[16]等春秋晚期墓中都曾出土。这种玉龙首牙是东周时期典型玉组佩组件之一，是中原贵族佩戴的玉组佩中常见的一种玉器。严山窖藏出土的这类玉牙可能由中原传入。

图6　玉璧　春秋时期　吴文化博物馆藏

图7　玉龙首牙　春秋时期　吴文化博物馆藏

（四）与楚式玉器有关的文化因素

严山窖藏玉器中还有一批具有典型的楚式风格的玉器，这类玉器有玉璧、玉环、龙首牙、竹节形管、兽面纹长方形饰、鸟首拱形饰、双系拱形饰等。

玉璧（J2:12）（图8），饰五个春秋晚期龙纹，内外边廓饰一周绚索纹。这种内外边廓皆以绚索纹装饰，正是楚式玉璧、玉环的第一个特点。[17]龙纹的朝向或位置不相同，这是楚式玉器龙纹排列的第二个特点。玉器纹饰空白处填刻阴刻网纹，这也是楚式玉器的特点。

兽面纹长方形饰（J2:86）（图9），扁长方形，中部横向琢出凹槽，把纹饰分为上下两组，饰两组互相对称的兽面纹。这种玉饰起源于中原地区，山西闻喜上郭商代墓M55[18]、河南三门峡虢国墓M2001（虢季墓）[19]有类似的铜饰件。春秋时期，这种玉饰广泛流行，山西上马墓M1284[20]、河南淅川下寺楚墓M3[21]、桐柏县月河墓M1[22]、江苏苏州真山大墓[23]等都曾出土。严山窖藏的兽面纹长方形饰，与月河墓M1及真山大墓玉饰的纹样极为接近，但也有所不同——前者有明显的舌状网纹。根据目前的出土材料来看，春秋时期玉器只有楚国玉器流行以网纹作装饰，尤其是用来填补纹饰中的空白处，如湖北当阳杨家山春秋晚期楚墓YM1出土的一件石璧。[24]

鸟首拱形玉饰（J2:93）（图10），器作拱形瓦状，两端啄出对称的鸟首，器表以阴线分为四个长方格，每格饰一龙纹。玉饰两端的鸟首，其边缘都饰绚索纹，这是春秋时期楚式玉器的第一个特点。春秋时期楚式象生玉器流行以绚索纹作边饰，如河南淅川下寺楚墓M1的玉虎[25]、南阳市物资城墓M1玉鹰和玉鸳鸯[26]以及桐柏县月河墓M1的玉虎和玉耳勺的鸟形柄[27]。拱形玉饰表面的四个龙纹都是不减地浅浮雕，这种浅浮雕由于不减地而显得非常紧密，流行于淅川下寺春秋楚墓M1—M3出土玉雕，是楚式玉器雕工的第二个特点。再者，拱形玉饰的龙纹其空白处全以绚索纹填辅，表面显得密不透风，这是楚式玉器的第三个特点。据此三点，我们可以认为鸟首拱形玉饰为楚式玉器。

图8　玉璧　春秋时期　吴文化博物馆藏

图9　兽面纹长方形饰
　　春秋时期　吴文化博物馆藏

图10　鸟首拱形玉饰
　　春秋时期　吴文化博物馆藏

二、历史文化背景分析

如上所述，为何在严山窖藏中出现了如此多具有明显他国文化因素的玉器，我们可以从以下两方面展开讨论。

（一）严山窖藏的考古学性质

关于严山窖藏的考古学性质，学界众说纷纭。在 1988 年《江苏吴县春秋吴国玉器窖藏》报告中，时人通过严山周围的地理环境、出土位置情况及出土文物性质，综合判断其并非墓葬及祭祀坑，应为窖藏。由于没有伴出可供考定年代的其他器物，通过出土玉器的造型特征和装饰风格，结合其他地区考古发现的玉器情况，推断出窖藏的年代及国属。[28]随着各地的考古新发现及出土材料的不断更新，特别是 1992 年苏州浒墅关真山大墓 D9M1 的发掘，在一定程度上填补了苏州地区先秦时期大型贵族墓葬的空白。1999 年钱公麟先生发表《关于吴县严山春秋玉器窖藏性质的再认识》，通过分析和比较，尤其是与严山附近的真山 D9M1 出土的玉器相比，指出严山春秋吴国玉器所属遗存的性质，不仅是春秋吴国时期的墓葬，而且可能还是级别相当高的贵族墓葬，并结合相关文献记载推断其为春秋吴国最后一代吴王夫差的陵墓。[29]2000 年张志新先生发表《严山玉器窖藏与越国灭吴战争》一文，通过对出土玉器地理环境与文献材料的梳理，将玉器与越国灭吴战争史实的内在联系进行了考证，认为其应为吴王战败至此，仓惶埋藏所致。[30]2010 年张敏先生在《吴越贵族墓葬的甄别研究》一文中，对吴越地区的贵族墓葬进行分类研究，从墓葬情况及具有指示性要素的随葬器物，特别是青铜器与玉器的组合，对吴越墓葬进行分类。根据吴越墓葬的基本特征，吴国贵族没有用玉的传统，且未见有龙纹、蛇纹装饰的高等级玉器，认为严山玉器窖藏应为越国低等级贵族玉器而非吴国王室玉器。[31]关于严山窖藏的考古学性质，不仅观点与结论有所不同，关于国别的归属更是大相径庭。严山窖藏存在这么大的争议，不外乎两个原因：一是考古现场由于爆破取石破坏严重，难以辨别埋藏情况，只能根据现场采石工人的描述加以推断。二是并未伴出含文字记载的器物，只能假以类型学推断国属及性质，争议颇多也是难免的。

关于严山遗存的国属推断，若是单单以青铜器和玉器的有无来进行甄别，难免失之偏颇。首先，尽管张敏先生对于吴越墓葬的判别作了非常详尽的论证，但是从文献看，《吴越春秋·阖闾内传》中记载吴王阖闾以"金鼎、玉杯、银樽、珠襦之宝"敛葬其女；《墨子·节表》中则有"诸侯死者，虚库府，然后金玉珠玑比乎身"的记载。作为宁镇地区的霸主，吴国应该使用玉器，也应该随葬玉器。尽管目前发掘的吴国贵族墓葬确实是多见铜器，少见玉器，但是以发掘墓葬的部分特征来取代所有墓葬的整体特征，难免会以偏概全。单一地根据现有考古出土材料将真山 D9M1 和严山窖藏归为越墓，是值得深入讨论的。

至于严山遗存是墓葬还是窖藏，近年来，清华简的发现与整理同样显示，在早期文献文本中，吴国历史已不断被层累地建构了，存在着"历史故事化"和"故事历史化"现象，其中许多历史可能属子虚乌有。在判别考古学遗存时，我们应将考古学证据居于首位，以考古材料为依托。由于开山炸石，原始保存情况不明，根据现场采石工反映，玉器出土处的土质和土色与周围没有明显的区别，没有发现白膏泥、炭粒、石块等填充物，更没有墓坑、棺床等构造，也没有夯土的痕迹。我们很难从现有条件将其认定为墓葬，原报告者将其视为窖藏，应是公允的。至于为何埋藏至此，我们很难判定，但是从出土玉器的情况来看，其玉器跨越年代久远，使用场景丰富，佩戴规格等级高，将累世收集埋藏于此，对于时人来讲，肯定是有着特别的原因。

（二）严山窖藏所反映的历史文化背景

考古学研究的终极目的是探寻人类社会的发展规律，其研究途径则是透物见人。通过上面的分析，可以看出严山窖藏除了具有自身特色的吴式玉器外，还有大量的越式玉器、中原玉器与楚式玉器。它们或仿其形制，或经过简单的改制，或直接拿来使用。这些行为与现象的发生正反映出春秋时期吴国与越国、楚国及中原国家的关系。

关于越式玉器，《吕氏春秋·知化》："夫吴之与越也，接土邻境，壤交通属，习俗同，言语通。"《越绝书·纪策考》："吴越为邻，同俗并土。"《吴越春秋·夫差内传》："吴与越，同音共律，上合星宿，下共一理。"且吴越之间战争频繁，《春秋》定公十四年（前496）："于越败吴于檇李，公子光（即阖闾）卒。"《左传》哀公元年（前494）："吴王夫差败越于夫椒，报檇李也。遂入越。"《左传》哀公十四年（前481）："冬十一月丁卯，越灭吴。"战争造成疆域的更迭和人员的涌动，城池的易主和工匠的流动也在无时无刻不影响着上层贵族阶层。具有越式风格的玉器也自然被吴国贵族所接纳，我们可以认为这批玉器为越式玉器的传承。

关于中原玉器，《吴越春秋·吴王寿梦传》："于是吴始通中国。"作为起身"荆蛮"的吴国，在称霸过程中，除具有较强的军事统治力外，为自身谋求政治身份的合法性也是必不可少的。《史记·吴太伯世家》："吴太伯，太伯弟仲雍，皆周太王之子，而王季历之兄也。""太伯之奔荆蛮，自号勾吴。荆蛮义之，从而归之千余家，立为吴太伯。"尽管目前学术界对于"太伯奔吴"之说争议颇多，认为这是吴国为争当中原霸主、寻求华夏正统而出现的"冒荫现象"[32]，但是，从文献资料来看，在官制、礼制、法制乃至币制等领域，吴国都在向中原本土看齐。从考古材料来看，无论是墓葬形制还是器物形制，此时吴国确实也都在向中原本土学习和借鉴。在玉器如此被重视的春秋时期，具有美学价值与政治目的双重身份的玉器，吴国不可能不收藏并为之所用。尤其是作为配饰的玉璧、玉环及玉龙首牙等，吴国贵族佩戴它们，正是谋求其政治正统地位的象征所在。

关于楚式玉器，《吴越春秋·吴王寿梦传》："寿梦元年，朝周，适楚，观诸侯礼乐。"吴国距离中原较远，楚国作为吴国与中原连接的必经之地，仿效楚国相对较为简单。与1980年苏州何山东周墓出土青铜器相联系，更是为这批玉器的来源提供了另一种可能。公元前506年，吴、蔡、唐三国联军攻打楚国。楚军节节败退，最终以吴王阖闾挥师入郢，楚昭王仓皇奔逃结束。《春秋穀梁传·定公四年》："庚辰，吴入楚。日入，易无楚也。易无楚者，坏宗庙，徙陈器，挞平王之墓。"甚至"君居其君之寝，而妻其君之妻；大夫居其大夫之寝，而妻其大夫之妻"，"盖有欲妻楚王之母者"。在郢都的这场浩劫中，吴王劫掠楚国王宫宝器回国，应是不在话下。何山东周墓出土的一批制作精美的楚式青铜器，如缶、匜、车马饰、自铭"楚叔之孙途为之盉"的盉，便被学者认为是吴人从郢都掠夺回来的战利品。[33]作为楚国王宫宝藏组成部分的玉器，也必然受有同样的遭遇，被吴国王室和贵族所占有，这或许是严山窖藏中为何有如此多楚式玉器的原因。

近几十年来，江苏考古发现也为吴式玉器的研究提供了丰富、宝贵的材料。这些发现包括：（1）苏州浒墅关真山大墓玉器（玉覆面、玉环、玉戈、玉钩、玉长方牌、璜形饰、多孔管、绿松石剑珌、绿松石嵌饰等）[34]；（2）苏州严山玉器窖藏玉器；（3）六合程桥二号墓玉器（玉剑格及剑珌）[35]；（4）江阴大松墩吴国土墩墓玉器（玉玦、玉璜、玉镯、玉管、玉珠等）[36]。据学者研究，真山大墓出土玉器除玉钩、璜形饰、多孔管、绿松石剑珌及大量绿松石嵌饰外，众多精美玉饰品也为中原玉器和楚式玉器。大松墩土墩墓出土玉器多达七十余件，除一件半璧形璜为史前遗物外，其余都为吴国的玉饰，但器类和形制都相对简单，缺乏纹饰，工艺水平较低。通过对吴国出土的玉器进行梳理，我们可以看出迄今出土的吴式玉器虽然数量较多，但基本为小型饰品，且工艺水平不高，还包含着大量的玛瑙及绿松石饰品。吴国玉器的相对落后也有其历史根源。因吴国长期处于比较闭塞的状态，后来虽然接触并有意模仿中原文化和楚国文化，但是时间并不长久，且一直忙于政治角逐，大量的资源都倾注于军事战争，在文化建设上少有建树，只能"盲目"地生搬硬套。玉器作为体现礼制的重要组成部分，也很难得到充分发展，只能从他地取之而为己所用，这种现象应当不是偶然的。

综上，虽然严山遗存仅为一处窖藏遗址，但若深入其中，发掘文物背后的价值信息，从中可以窥探到春秋时期吴国那段汹涌的历史，这或许正是考古学"透物见人"的魅力所在。

〔1〕 吴县文物管理委员会：《江苏吴县春秋吴国玉器窖藏》，《文物》1984年第1期。

〔2〕 俞伟超：《楚文化的研究和文化因素的分析》，《楚文化研究论集》第1集，荆楚书社，1987年。

〔3〕 栾丰实、方辉、靳桂云：《考古学理论·方法·技术》，文物出版社，2002年。

〔4〕 杨建芳：《吴县严山窖藏玉器研究》，《中国古玉研究论文集续集》，文物出版社，众志美术出版社，2012年。

〔5〕 河南省文物考古研究所等：《淅川下寺春秋楚墓》，文物出版社，1991年。

〔6〕 杨建芳：《楚式玉器的特点》，《玉文化论丛1》，文物出版社，2006年。

〔7〕 河南省文物考古研究所等：《淅川下寺春秋楚墓》，文物出版社，1991年。

〔8〕 安徽省文物管理委员会、安徽省博物馆：《寿县蔡侯墓出土遗物》，科学出版社，1956年。

〔9〕 杨建芳：《耳饰玦的起源、演变及分布：文化传播及地区化的一个实例》，《中国古玉研究论文集》（下册），众志美术出版社，2001年。

〔10〕 孙庆伟：《周代用玉制度研究》，上海古籍出版社，2008年。

〔11〕 吴棠海：《春秋玉器概论》，《中华文物五千年集刊·玉器篇四》，故宫博物院，1995年。

〔12〕 杨建芳：《云贵高原古代玉饰的越文化因素》，《考古》2004年第8期。

〔13〕 古方：《河南辉县琉璃阁墓地出土玉器考察》，《考古》2005年第8期。

〔14〕 国家文物局主编：《2001中国重要考古发现》，文物出版社，2002年。

〔15〕 中国科学院考古研究所：《辉县发掘报告》，科学出版社，1956年。

〔16〕 边成修、李奉山：《长治分水岭269、270号东周墓》，《考古学报》1974年第2期。

〔17〕 杨建芳：《楚式玉器的特点》，《玉文化论丛1》，文物出版社，2006年。

〔18〕 李建生、王金平：《试论山西出土的玉器》，《文物世界》2006年第5期。

〔19〕 河南省文物考古研究所、三门峡市文物工作队：《三门峡虢国墓》（上册），文物出版社，1999年。

〔20〕 山西省考古研究所：《上马墓地》，文物出版社，1994年。

〔21〕 河南省文物考古研究所等：《淅川下寺春秋楚墓》，文物出版社，1991年。

〔22〕 南阳市文物考古研究所：《南阳古玉撷英》，文物出版社，2005年。

〔23〕 苏州博物馆：《江苏苏州浒墅关真山大墓的发掘》，《考古》1996年第2期。

〔24〕 湖北省宜昌地区博物馆、北京大学考古系：《当阳赵家湖楚墓》，文物出版社，1992年。

〔25〕 河南省文物考古研究所等：《淅川下寺春秋楚墓》，文物出版社，1991年。

〔26〕 南阳市文物考古研究所：《南阳古玉撷英》，文物出版社，2005年。

〔27〕 南阳市文物考古研究所，桐柏县文管办：《桐柏县月河一号春秋墓发掘简报》，《中原文物》1997年第4期。

〔28〕 吴县文物管理委员会：《江苏吴县春秋吴国玉器窖藏》，《文物》1984年第1期。

〔29〕 钱公麟：《关于吴县严山春秋玉器窖藏性质的再认识》，《东南文化》1999年第2期。

〔30〕 张志新：《严山玉器窖藏与越国灭吴战争》，《苏州大学学报（哲学社会科学版）》2000年第3期。

〔31〕 张敏：《吴越贵族墓葬的甄别研究》，《文物》2010年第1期。

〔32〕 张敏：《吴越文化比较研究》，南京出版社，2018年。

〔33〕 吴县文物管理委员会：《江苏吴县何山东周墓》，《文物》1984年第5期。

〔34〕 陈瑞近、陆雪梅：《苏州真山D9M1玉器分析与研究》，《东南文化》2000年第5期。

〔35〕 南京博物院：《江苏六合程桥二号东周墓》，《考古》1974年第2期。

〔36〕 陈晶、陈丽华：《江苏江阴大松墩土墩墓》，《文物》1983年第11期。

从吴文化博物馆藏元代釉里红云龙纹盖罐看元釉里红的装饰特点

郭笑微

在吴文化博物馆基本陈列"吴雅展厅"中，展示有一件馆藏的国宝级文物——元代釉里红云龙纹盖罐（图1）。这件釉里红云龙纹盖罐高28.5厘米，口径12.7厘米，腹径25.1厘米，直口矮颈，丰肩鼓腹，胫部微收，浅细砂底，带有底面旋挖而成的假圈足，足端面宽平。器盖部有宝珠形钮，盖设里外两口，便于密封。以盖钮为中心施有对称的锦葵花叶一周，钮基部及盖外缘都施釉里红釉彩，花叶上也散涂铜红呈色剂。器腹部浅刻盘龙两条，组成主体纹饰。在刻划龙纹的轮廓线外施釉里红，胫下部刻变体莲瓣纹样。整器胎白质坚，施青白釉，釉面肥厚，装饰别致，呈色艳丽，是国内外罕见的早期釉里红瓷器。[1] 该器原系出土物，是被一位农民于1976年4月在苏州市通安镇华山南麓挖沟种茶树时发现的，同年由苏州市文物商店下乡收购，并交当时的吴县文物管理委员会收藏。1993年该器被评定为国家一级文物。2020年由吴中区文物管理委员会移交吴文化博物馆，现为吴文化博物馆馆藏中最具代表性的一件精品文物。本文拟从此件元釉里红器着眼，浅谈元代釉里红瓷的装饰特点。

一、元代釉里红瓷的创烧

釉里红，是以铜元素为着色剂在瓷胎上绘画纹饰后，罩以透明釉，在高温下还原焰中一次烧成的釉下彩瓷器，创烧于元代。这种以铜着色的釉下彩技法

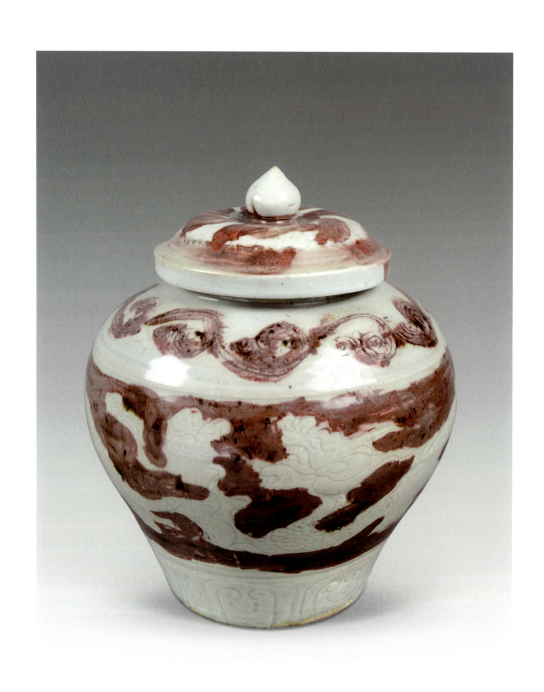

图1　釉里红云龙纹盖罐　元　吴文化博物馆藏

　　看，国宝：吴地文物再想象

图2　长沙窑双耳彩绘壶　　　　　　　图3　天蓝釉红斑花瓣式碗
　　　唐　吴文化博物馆藏　　　　　　　　　宋　故宫博物院藏

最早出现于唐代的长沙窑，那时生产的釉下彩由于彩料中铜的浓度控制不均匀和色料杂质影响，铜红釉下彩往往产生红褐色，有时因为铜的局部浓度过高而产生局部的绿色或褐绿蓝等混杂色彩的釉下彩，还没有达到均匀一致的宝石红的鲜艳色彩。[2]但唐代工匠们已经开始认识到铜元素的装饰效果。如吴文化博物馆藏的这件唐代长沙窑双耳彩绘壶（图2），腹部绘褐彩莲瓣纹，中间饰有绿彩圆斑，即是采用了铜元素着色而成，整器装饰简洁大方。

　　由于铜红对温度、气氛、冷却速度、含量等因素较为敏感，到了宋代钧窑高温铜红釉才比较多见。[3]钧红所呈的红色或深或浅，色调红中泛紫，极具美感，对铜红的使用已较长沙窑有了进步（图3）。

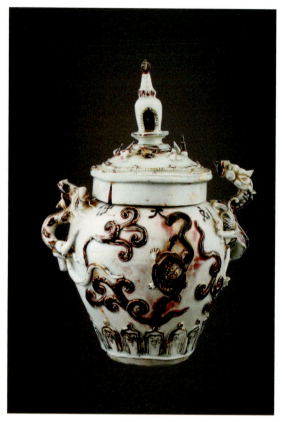

图4　青花釉里红阁楼式谷仓　江西省博物馆藏　　　　图5　青花釉里红堆贴四灵塔盖罐　江西省博物馆藏

元代景德镇继续发展了铜红装饰技术，创造性地烧造出釉里红瓷器，这种釉下彩工艺在元后历代仍继续发展，趋于成熟。由于釉里红的铜红料在高温下易挥发，烧制时对窑室温度的要求很严格。元釉里红烧制难度大，成品率低，存世量稀少。目前我国各大博物馆藏元代釉里红瓷器仅几十件，可见其珍贵。对于元代釉里红瓷的具体创烧时间，目前仍不确定。现已知纪年最早的釉里红器有两件，均由江西省博物馆藏景德镇后至元四年（1338）凌氏墓出土。其中一件为青花釉里红阁楼式谷仓（图4），器上铭文记载死者为"故景德镇长芗书院山长凌颖山之孙女"，"殁于后至元戊寅五月二十三日"，同年六月"安葬于南山"。另一件为青花釉里红堆贴四灵塔盖罐（图5），器颈上有"大元至元戊寅六月壬寅吉置"十二字，器肩上有"刘大使宅凌氏用"七字。[4]这两件纪年器同年制成，表明元代釉里红瓷的创烧时间至少不晚于后至元四年。有学者通过分析窑址中元青花和元釉里红瓷片的出土情况发现，青花所占比例很少，釉里红更是稀少，说明元代还没有专门生产青花或釉里红瓷的作坊，而是一作坊内生产多种装饰形式的产品。[5]元代景德镇釉里红瓷的烧制成功，对釉下彩技术的进步具有重要意义。

二、元代釉里红瓷的特征及装饰特点

（一）元代釉里红瓷的特征

从出土资料和传世实物看，元代釉里红瓷主要有罐、壶、杯、匜、盘、玉壶春瓶、梅瓶、瓷塑等造型，其中最多见的是玉壶春瓶和梅瓶。胎质大多呈灰白色，釉面呈青白色。釉里红多呈暗红色，鲜红色极少，色泽不均匀，常呈现不同程度的晕散。早期制作的元代釉里红色彩晕散不够鲜艳，经常出现变色流失的现象。元代釉里红瓷在烧制过程中，受窑炉温度的限制，会出现瓷胎生烧，造成胎骨厚重坚硬。器表常见旋削痕和接痕，挖足器有刀痕，器底多有粘黑棕色铁砂底。[6]

（二）元代釉里红瓷的装饰特点

元代釉里红瓷的纹饰主要以云龙、云凤、芦雁、玉兔和花鸟为题材，在花

图6　釉里红转把杯　元　故宫博物院藏　　　　图7　元代釉里红云龙纹盖罐细节图

卉中有元代传统的莲花、牡丹、灵芝、菊花等，同时亦有极少部分器物以山水人物为装饰题材。[7]

　　元代釉里红瓷器有三种不同的装饰方法。一是釉里红涂绘，即以铜红料成片、成块地涂绘成一定的图案花纹；二是釉里红拔白，方法是或在白胎上留出所需的图案花纹部位，或在该部位上刻划出图案花纹，用铜红料涂抹其他空余位置，烧成后图案花纹即在周围红色之中以胎釉的本色显现出来；三是釉里红线绘，这种方法是在瓷胎上用线条描绘各种不同的图案花纹，是釉里红瓷器最主要的装饰方法，但由于高温铜红烧成条件比较严格，往往会产生飞红的现象，所以细线条描绘图案花纹的釉里红器烧成比较困难。[8]学者们较多认为元代釉里红瓷的装饰方法在发展脉络上可分为前后两期，前期为涂绘及刻划、涂绘兼施，后期进步为线绘。[9]

前文提到的江西景德镇后至元四年凌氏墓出土的两件纪年釉里红瓷器就属于涂绘的装饰方法，将铜红料在塑成的立体器物上着色而成。又如故宫博物院藏的这件釉里红转把杯（图6），也是典型的涂绘装饰。

本文所述吴文化博物馆藏的元代釉里红云龙纹盖罐，即是釉里红拔白装饰方法的代表性器物。该罐在构图艺术上极有特色，罐表以盘曲升腾的白龙为主体纹饰，龙体上下之间的空白处以艳红的呈色衬托，似为飘动的彩云。两条白龙蜿蜒升腾在片片红云之中，红云白龙，相得益彰（图7）。在制作此罐时，需先在瓷胎上刻划出主体龙纹和其他辅纹，再用铜红料涂抹刻划纹饰以外的位置，最后施釉一次烧成。这种装饰方法利用了铜红料和青白釉之间的颜色差异，将刻划纹饰与釉里红涂绘相结合，颇具匠意巧心。从装饰方法、装饰特点来看，该罐应是元代釉里红瓷器中较为早期的产品。

釉里红线绘装饰方法在元代釉里红瓷器中应用较多，具有代表性的有高安市博物馆藏元釉里红线绘开光花鸟纹罐（图8），此罐主体纹饰系在罐腹部线绘，于四个对称的菱花开光内饰鹤穿菊纹、孔雀栖牡丹图案，整器装饰细腻。元代釉里红瓷器绘画技法多样，用单线或双线勾勒出图形，突出了轮廓。[10]

元代景德镇制瓷工匠在烧造釉里红瓷器时，以利用铜红料对器体进行装饰为基础，同时亦有对部分器物结合贴塑、刻划、印花、釉里红与青花组合使用等多重装饰技法，显现出元代制瓷技艺的极大进步。吴文化博物馆藏釉里红云龙纹盖罐，在整器的造型、釉里的发色、装饰纹饰的构图等方面都极具美感，代表了釉里红发展初期的烧造水平，是元代瓷器中的上乘之作，为元代釉里红制瓷工艺的研究提供了极为宝贵的例证。

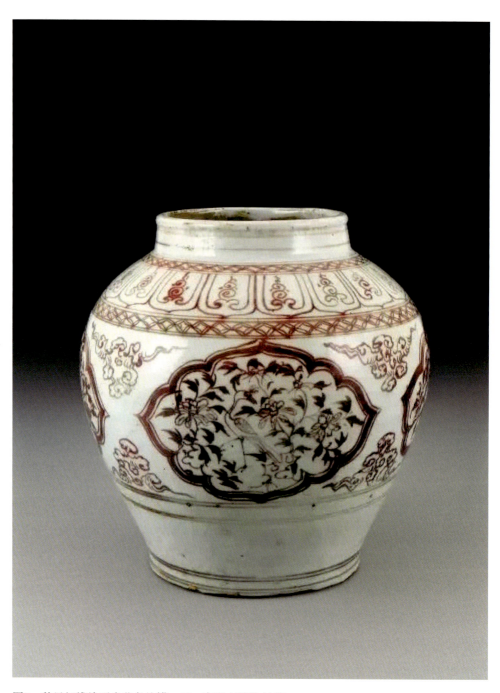

图8 釉里红线绘开光花鸟纹罐 元 高安市博物馆藏

〔1〕 苏州市吴中区博物馆编：《吴文化博物馆图录》，凤凰文艺出版社，2020年，第243页。

〔2〕 李家治主编：《中国科学技术史·陶瓷卷》，科学出版社，1998年，第386页。

〔3〕 郎惠云、谢志海、徐晓猛：《我国古代颜料初探》，《文博》1994年第3期。

〔4〕 江西省博物馆：《江西丰城县发现元代纪年青花釉里红瓷器》，《文物》1981年第11期。

〔5〕 黄云鹏：《馆藏和窑址出土的元青花、釉里红瓷》，《江西历史文物》1983年第4期。

〔6〕 沙燕君：《浅谈元代釉里红》，《收藏家》2016年第2期。

〔7〕 叶佩兰：《元代釉里红的装饰和纹饰》，《东方收藏》2011年第9期。

〔8〕 冯先铭主编：《中国陶瓷》，上海古籍出版社，2001年。

〔9〕 温秋明：《元釉里红人物瓷瓶》，《文物》1992年第7期。

〔10〕 刘金成：《浅析元代釉里红的创烧及其艺术装饰特征》，《故宫博物院院刊》2013年第6期。

鹦鹉玉饰 · 龙纹罐与可爱的力量

罗依尔

2016 年，纽约现代艺术博物馆收藏了 176 个颜文字。2019 年，大英博物馆做一了个很学术的日本漫画展，奈良美智的小女孩竟拍卖了 1.7 亿元人民币。不知何时，上海那两个高冷的艺术博览会当中，扁平可爱的潮流艺术越来越多了。与此同时，超高流明的广告灯箱、LED 巨屏，迅速占领了城市公共空间。在手机屏幕前，我们的眼睛和大脑为各种刺激的视频所累。

"五色令人目盲，五音令人耳聋。"在视觉过剩的年代，难免目盲又盲目，为盲盒一掷千金。注视着那些幼稚可爱的形象，仿佛在回望童年，人们在现实的纷乱中想要看见以前那确定的美好。

吴文化博物馆里有一只小巧的鹦鹉玉饰，如果我们走近看它，就会有一种强烈的可爱扑面而来（图 1）。

仔细分析这种可爱，造型上的"萌"主要来源于造型设计：鹦鹉的头冠、眼睛、嘴的比例都被扩大了，让本来就很可爱的鹦鹉更加充满卡通感。几厘米的迷你尺寸和文物摆放时的倾斜角度，让我们躬身观察它的时候，有种看到动画里几只小龙猫从草里探出头的感觉。再仔细看，玉饰上连鹦鹉的鼻孔和腮红也被刻了出来。这些造型上的特色让鹦鹉玉饰在精品众多的严山玉器展柜中用小小的身躯占据了"C 位"。

婴儿般的大眼睛，是唤起人们保护幼崽欲望并心生怜爱的秘诀。鹦鹉玉饰的眼睛是镂空的，在展柜的白色底座和射灯的衬托下显得非常灵动。很多玉饰、

图1　鹦鹉首拱形玉饰　春秋　吴文化博物馆藏

玉佩中的镂空是功能性的，但能把功能性和观赏性巧妙结合不正是最佳的设计吗？

今天，更多的事情发生在线上和手机屏幕上，眼睛较之其他器官变得越来越重要。在很多可爱风格的潮流艺术当中，眼睛被着重描绘，大大的瞳孔中放满了星星点点的各类元素。几十年前，人们预想代表未来的外星人标准形象时，他们不也拥有巨大的眼睛和萎缩的四肢吗？

看到如此可爱的鹦鹉玉饰，其实内心总忍不住想摸一把，但正因为文物的无法触及，勾动了我们更大的视觉欲望。"有图有真相"已经无法满足这个时代的观众了，无人机和超高清摄影机让上帝视角与微观视角开始流行。我们在面对心仪的文物时，都会迫切地想要看见同类图案在整个历史中的演变过程，也想见证这些文物肉眼无法见到的角度与细部。博物馆不约而同地开始提供360度的三维模型与无人机视角的发掘现场视频等内容，展板上的信息量也越来越大。

怎么让已经很可爱的文物更加"萌"呢？艺术家陈汉煜给出了答案。在《热气球 1 号试运行》中，鹦鹉玉饰不但被巨大化，身材也圆润膨胀了，拥有了胖胖的体积感（图 2）。

把世界上所有的吉祥物加起来求出的最大公约身材，应该就是胖胖的身体上有个圆圆的头。"小李子"这样的帅哥发福后，自动被归入了"萌大叔"的范畴之中。本应小小的东西被巨大化后能造成反差感而给人惊喜，世界各地的水上都浮起了霍夫曼的大黄鸭和 Kaws 的巨型人偶。

在高速又商业的时代，这些巨大的充气气模可比石头和玻璃钢雕塑便宜太多了，随风晃动的气模还有更加轻盈有趣的视觉效果。当然，那些把大黄鸭和 Kaws 放进自己地盘的地产商并没有因为气模中空气的低成本而省钱，因为那两位的版权费很贵，毕竟靠可爱吸引来的流量都是真金白银。有时，Kaws 的展览也都跟随一条"巨大人偶漏气变扁"的新闻，似乎预示了可爱与童年的转瞬即逝。

图2　热气球1号试运行　陈汉煜

图3　釉里红云龙纹盖罐　元　吴文化博物馆藏　　　　图4　元世祖后肖像

　　在了解了可爱的奥秘后，我们再来看一件吴文化博物馆中的釉里红瓷器（图3）。这件圆润的釉里红不禁让人想起元代那些圆圆的元人肖像（图4）。宝珠形的盖纽是萌点之一，这纽很难让人不联想到包子或者是蛋糕上的装饰奶油。

　　除了器形上的可爱之外，龙纹盖罐还有一种难能可贵的稚拙感。因为温度控制的原因，元代釉里红的成品少，几乎还在实验的阶段。"釉里红拔白"这种以红色为底色反衬出龙纹的烧法比较少见，只要和日后成熟的釉里红比，就会发觉吴文化博物馆的这件釉里红看起来并没有人们所期待的精致的工匠感。马蒂斯抱着它去参加沙龙应该还是会被叫成"野兽派"。

　　釉里红盖罐上的背景红云和白色的龙很明显没有严丝合缝，但正是因为这种不完美让这个罐子独一无二，这种向完美努力的姿态其实很打动人（图5）。用现在的流行语来描述就是好感度很高，完美的时代已经过去。看看现在演艺

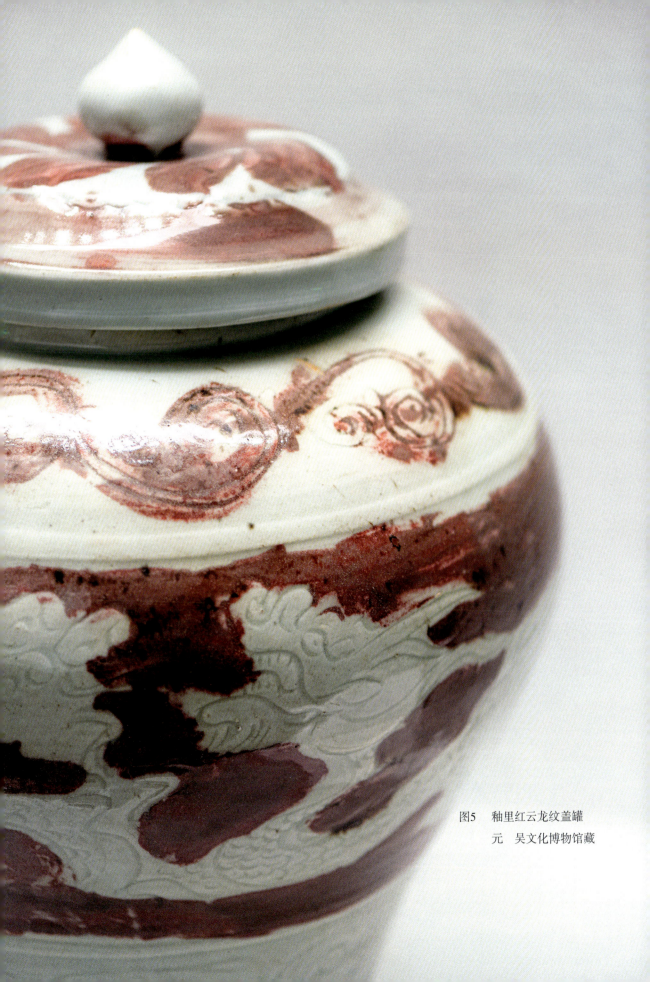

图5　釉里红云龙纹盖罐

　　　元　吴文化博物馆藏

图6 《热气球1号试运行》局部

图7　杨柳青木版年画

圈打造完美人设的明星所剩无几，还是有点可以自嘲的缺点才更加有趣，不是吗？最重要的是，不完美有一种真诚感和直接性。

　　"有个性"好像就是完美的反义词，在艺术家陈汉煜的作品当中，云龙纹盖罐化生成一大群个性鲜明的小龙，应该是釉里红烧制的时候需要的温度比较高，才会让艺术家产生把盖罐画成热气球吊篮和加热装置的想法。盯着这些姿态和设定各不相同的小龙看，会有一种眼花缭乱的感觉，进而产生"好厉害"的赞叹（图6）。在当代视觉艺术之中，极繁主义 (maximalism) 盛行，前几年人们喜爱的村上隆就是一个典型案例。百度图片搜索村上隆，就会看到艺术家本人和"怪怪""奇奇"，还有无数堆叠在一起的太阳花对着我们傻笑。看着如此简单快乐的元素叠加，观者的心情也随之变好。这种极繁主义体验，在去中心化的短视频平台上也能看到，散落在民间的各路高手给我们永不间断地提供着快乐和"爆点"，这些内容并没有什么难懂的地方，就是让人停不下来。

南北朝的姚最曾说："今莫不贵斯鸟迹，而贱彼龙文。"鸟迹指的是文字，龙文是图像。中国历史上长久以来都以文字为重，在如今的移动互联网时代，图像、影像大获全胜，短视频平台上的文字很多都退化成了封面图片上的标题口号。在图像的竞争中，椰树椰汁的高对比度包装和乾隆的"土味审美"一直出圈。红配绿是人人皆知的土味配色，但这种搭配也最大程度地刺激着我们的视觉神经，能在图像竞争中脱颖而出。

看到红配绿，我们就会想起在那个茹毛饮血的年代，先祖们在绿叶中找到鲜艳欲滴的红色果实后一定非常开心。这种快感的刺激，确保了人类的生存，直到今天依然支配、引导着我们的行动。这也是为什么我们能在农民画和年画中看到红绿搭配的重复，因为这象征着丰盛、吉祥。难得过个年，多子多孙、丰收喜庆是必要的（图7），西方圣诞节不也是红配绿吗？如今流行的国潮，在商业场景中也很大程度上继承了年画的视觉和寓意，前几年崛起的国潮品牌也的确代表着人人买得起、吃得起，产品还好用、好吃。

专家独占话语权的时代结束了，但过多的信息让人难以分辨真伪善恶，拥有更高传播和流量价值的"假新闻和坏消息"总能深得人心。在对外部世界的不确定性和负面信息感到麻木和无所适从之时，我们内心也在寻找一片值得确信的桃花源，在潜意识中回望着无忧无虑、有着确定美好的从前。回望从前，就会格外珍惜鹦鹉玉饰和釉里红龙纹盖罐上所呈现出的可爱与萌芽阶段稚拙的美。

琴或筝：浅谈吴文化博物馆藏古琴名称问题

高超

吴文化博物馆常设展"考古探吴中"厅展出有一张 1991 年出土于苏州吴县市（现苏州市吴中区）长桥村国防园战国墓的弹拨乐器，该乐器具有明确的出土地点和断代依据，是我国目前发现的为数不多的先秦时期弹拨乐器实物，具有重要的研究价值（图 1）。一直以来这件乐器都被称作"古琴"（下文为示区别，称"长桥琴"），但是其与考古发现的先秦时期琴类乐器形制并不相同，随着研究的不断深入，学界普遍认为其为乐器筝的早期形态。本文试从出土的同类乐器实物出发，对其名称相关问题进行简要探讨和分析，与读者共享。

一、考古出土实物

先秦时期发现的同类实物数量较少，目前已知出土类似长桥琴乐器实物的有江西贵溪崖墓群 2、3 号墓葬[1]、江苏吴县长桥镇长桥村战国墓[2] 以及江西樟树国字山越国贵族墓葬[3]（图 2）。贵溪 2、3 号墓葬和长桥战国墓出土皆以琴命名，而国字山墓葬则称为木筝。同时，以筝命名的还有湖北枝江县姚家港二号楚墓出土木筝，该器由架支撑，其身残破，仅见残片，器身装饰从残迹看极其讲究，表面上局部有圆卷纹，每排五个共三十个圆圈装饰。同时，配套出土有使用的木架，木架残，仅剩一个较完整，呈凸形，两端呈弯月形，中间呈凸字形，均插入弯形架内。[4] 如果姚家港二号楚墓出土乐器可以确定为

看，国宝：吴地文物再想象

图1　古琴　战国　吴文化博物馆藏

①　　　　　　　　　　　　　　　　②

③　　　　　　　　　　　　　　　　④

图2　先秦时期筝类乐器实物
　　　①②江西贵溪崖墓木琴[5]；③吴文化博物馆藏长桥琴；④江西国字山木筝

筝的话，那么它是目前已经发现先秦时期筝搭配筝架使用的唯一实例。但受资料所限，该器的形制、尺寸等信息并不清楚，不能辨别其属性，故不作探讨。

除上述发现的实物外，现收藏于浙江省博物馆，出土于浙江绍兴 M306 的伎乐铜屋（图 3）中也出现了疑似为这类乐器的形象。[6]该铜屋表现的是一场音乐场景，屋内两排跪坐六位乐人，皆束发裸身。其中二人双手相交于小腹，推测应是歌伎；其他四人作演奏乐器状。前排靠东一人面向西，前置一面悬鼓，右手执槌击鼓；前排靠西两人面向南，双手置于小腹，应该是在演唱；后排靠东一人捧笙吹奏；中间一人面南而坐，膝上置长条形乐器，右手执一小棍，正在击弦；与其错落的靠西一人同样面南而坐，膝上置一长条形乐器，乐器首部置于双腿上，尾部置于地面，弹奏之人右手弹弦，左手按弦（图 4），证明其存在柱码类物品（只有装置有类似柱码类物品的琴弦，才需要按弦）。学术界普遍认为铜屋内两位乐人所弹奏的形制相似却不尽相同的琴状乐器，靠西一件为筝，中间一件则是筑。[7]

从目前考古出土实例来看，首先，这类乐器的形制基本相似，皆为窄长形，面板一端为弧形，弧度较小，中部挖出浅槽，弦数有 12 和 13 两种，其中以 13 弦为主，且弦孔皆为上下交错排列（国字山发掘报告中虽没有明确弦孔排列情况，但从照片中可以清晰观察到上下两排交错排列的弦孔分布）。造型规范，外形成熟，结合墓葬资料，推断该类乐器的产生时间应不晚于春秋晚期。

其次，演奏方式类似于伎乐铜屋所表现的方式，即弹奏之人采用类似踞坐方式将乐器的首部放置于腿部，尾部搁置于地面，右手弹弦，左手按弦。这也在出土实物的形制上有所体现，如在长桥琴和贵溪 2 号崖墓木琴的背面一端都有类似山字形的凸起木块（图 5），应是为了将乐器尾部放置在地面，起抬高琴体的作用。

最后，与南方越人密切相关，具有显著的越文化特征。如在发现木琴的贵

图3 伎乐铜屋[8]

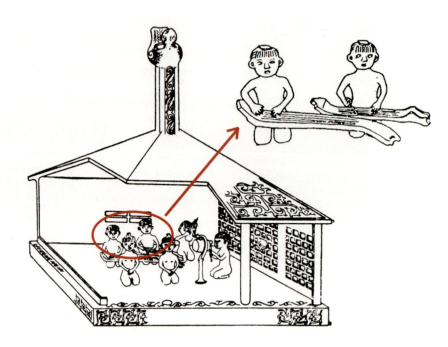

图4 伎乐铜屋中乐人弹筝形象

①   ②

图5 山字形凸起木块
　　①贵溪2号崖墓木琴；②吴文化博物馆藏长桥琴

溪崖墓群 2 号墓中，4 号棺的男性死者侧发现一束两头较齐整，长约 5 厘米的头发，推测可能为墓主生前剪断，死后放入棺内随葬，反映的正是南方越人"断发文身"的风俗。[9]国字山战国墓也具有突出的越文化属性，其墓主可能与越国王室密切相关。[10]长桥琴的墓葬资料虽不详，但同时期、同区域的新塘战国墓地中却具有浓厚的越文化因素，《苏州市长桥新塘战国墓地的发掘》简报中认为，这些墓葬是越灭吴后越国统治时期的墓葬。[11]出土伎乐铜屋的墓葬通过其所在地点及出土文物推断，也应该为战国初期越国贵族墓。[12]

　　由于这类乐器出土集中于长江以南，范围包括今天的江苏、浙江和江西地区，即传统的吴越文化主要区域，说明了这类乐器在南方越地的流行。但不能简单地认为这类乐器就是发源于越地，毕竟目前所发现的这类乐器形制较统一，且已经相当成熟，显然不可能是其初创阶段。相信随着更多实物的出现，其起源问题也会逐渐清晰。

二、关于长桥琴的名称

　　文物的命名往往对其功能、性质的认定具有重要意义，也是我们通过这些古代遗物正确认识古人的行为、观念与研究古代历史的基础。[13]《论语·子路》曰："名不正，则言不顺；言不顺，则事不成；事不成，则礼乐不兴。"文物的定名是一项严谨和严肃的科学求证过程，准确的器物名称对学术的传承和发展有着重要作用，必须要引起我们的重视。

　　广义上，所有通过弦震动发音的乐器都可以称为琴。在最早发现类似长桥琴乐器的江西贵溪崖墓发掘报告中同样将其称为木琴。而且，《新唐书》中记载"五曰丝，为琴、为瑟、为颂瑟，颂瑟，筝也"[14]，说明筝也可以被称为颂瑟，明代唐顺之在其编著的《荆州稗编》中记载了颂琴和筝是一种乐器，"颂琴，十三弦，移柱应律，其制与筝无异。古宫悬用之，合颂琴也。是知筝本颂琴，后世以其似，呼其名，遂名曰筝"[15]，所以长桥琴被称为琴显然是可以的。

但一件具体的乐器，尤其作为一件出土的乐器文物必须有科学且准确的命名。琴和筝作为两种不同的弹拨乐器，区别不仅表现在音色、弹奏方式上的不同，最显著的区别在于柱码的有无。筝张弦必用柱码，弦的振动通过柱码传递到面板，进而带动音箱腔内空气共振，从而发出声音。长桥琴的器身两端未见有类似岳山（乐器部件名，琴额用以架弦的横木，参见《律吕正义后编·乐器考·琴》）的痕迹，若无柱码一类的物品将其弦支撑起来，根本无法产生共振传导发音，因此长桥琴一定存在柱码类物品，从而在弹奏时，可以让弦的振动通过柱码传递到面板上，经过硬楸枫类材质音箱（器身上长方形槽形结构，加以覆盖面板，其目的是使音箱内空气能够进行更好的共振）再将振动反射，进而发出洪亮且悦耳的声音。正是由于柱码一类物品的存在，说明长桥琴只能是筝类乐器而不是琴类乐器。

不仅如此，先秦时期的筝类乐器和琴类乐器在外形上迥异。目前先秦时期出土的琴实物，有郭家庙86号墓琴[16]、随县曾侯乙墓琴[17]、荆门郭店1号墓琴[18]、枣阳九连墩1号墓出土的两张十弦琴及一个疑似五弦琴的琴轸[19]、长沙五里牌3号墓琴[20]等，这些琴的形制基本相同，皆是一种带长尾的"半箱式"体，长度较短，这显然与器身窄且长、一端为弧形的长桥琴截然不同。

音乐文物的定名是音乐考古的首要内容，一个科学且准确的乐器名，既可以为研究者提供便利，也可以让普通观众透过名称正确认识其特征。以长桥琴为代表的乐器是筝类乐器的早期形态已经是学术界的共识。[21]贵溪崖墓木琴出土时以琴命名，只因在当时未有同类器物发现，故以木琴统称，是当时的权宜之计。虽然博物馆文物藏品定名规范中要求对进入博物馆的文物藏品的原始名称保持尊重态度，但是工作人员在实际工作中也应该审时度势，一味地秉持藏品的原始名称显然也是不合时宜的。随着学界研究的不断深入，认识也愈加全面，文物的名称也应该与时俱进。江西省博物馆作为贵溪崖墓木琴的收藏单位，并没有沿用发掘报告的名称，而是将其命名为"战国十三弦筝木底板"[22]，突出了该文物是战国时期乐器筝残留下的木底板，恰当而且准确。

长桥琴从出土到进入吴文化博物馆的基本展陈中，已历经近三十年时间，其作为筝类乐器也已经成为学术界共识，仍然沿用古琴名称，已经不能突出其作为中国传统筝类乐器早期形态的重要性，也容易与先秦时期琴类乐器相混淆，显然不合时宜。有鉴于此，可以将长桥琴更名为战国十二弦筝或者战国十二弦筝木底板。文物的更名应该基于严谨的学术研究，体现学术研究的发展，并遵循一定的程序，同时及时公开地向社会进行宣传和说明，这样既可以避免混乱情况的出现，又可以借此普及文物知识，真正做到让放置于库房或展柜内的"死"藏品变成学术界的"活"文物。

（文章中国字山战国墓出土木筝的照片由社会科学院考古研究所唐锦琼提供，部分图片由吴文化博物馆张静娴帮忙绘制，在此一并表示感谢。）

〔1〕 江西省历史博物馆、贵溪县文化馆：《江西贵溪崖墓发掘简报》，《文物》1980年第11期。

〔2〕 苏州博物馆：《苏州市长桥新塘战国墓地的发掘》，《文物》1994年第6期。

〔3〕 江西省文物考古研究院、中国社会科学院考古研究所、樟树市博物馆国字山考古队：《江西樟树市国字山战国墓》，《考古》2022年第7期。

〔4〕 湖北省宜昌地区博物馆：《湖北枝江县姚家港楚墓发掘报告》，《考古》1988年第2期。

〔5〕 《中国音乐文物大系》总编辑部编：《中国音乐文物大系II 续江西卷 河南卷》，大象出版社，2009年，第59—63页。

〔6〕 浙江省文物管理委员会、浙江省文物考古所、绍兴地区文化局、绍兴市文管会：《绍兴306号战国墓发掘简报》，《文物》1984年第1期。

〔7〕 金隐村：《伎乐铜屋音乐场景初探》，《首都博物馆论丛》2021年总第35期。周纪来：《中国筝形制通考》，上海音乐学院，2005年。

〔8〕 王屹峰：《绍兴306号墓出土的伎乐铜屋再探》，《东方博物》2009年第32期。

〔9〕 徐智范：《从崖墓文物看越族文化》，《广西民族研究》1989年第2期。

〔10〕 江西省文物考古研究院、中国社会科学院考古研究所、樟树市博物馆国字山考古队：《江西樟树市国字山战国墓》，《考古》2022年第7期。

〔11〕 苏州博物馆：《苏州市长桥新塘战国墓地的发掘》，《考古》1994年第6期。

〔12〕 浙江省文物管理委员会、浙江省文物考古所、绍兴地区文化局、绍兴市文管会：《绍兴306号战国墓发掘简报》，《文物》1984年第1期。

〔13〕 徐良高：《尊"姓"大"名"——以"尊"为例看考古遗物的命名与定性研究》，《南方文物》2015年第1期。

〔14〕 （宋）欧阳修等撰：《新唐书》（卷21，志11，礼乐11），中华书局，1975年，第464页。

〔15〕 （明）唐顺之：《荆州稗编》，四库类书丛刊，转引（日）林谦三，《东亚乐器考》，人民音乐出版社，1962年，第170—171页。

〔16〕 湖北省博物馆：《华章重现——曾世家文物》，文物出版社，2021年，第235页。

〔17〕 随县擂鼓堆一号墓考古发掘队：《湖北随县曾侯乙墓发掘简报》，《文物》1979年7期。

〔18〕 湖北省荆门市博物馆：《荆门郭店一号楚墓》，《文物》1997年7期。

〔19〕 湖北省考古研究所、襄阳市考古研究所：《湖北枣阳九连墩M1乐器清理简报》，

《中原文物》2019年2期。

〔20〕 长沙市文物工作队：《长沙市五里牌战国木椁墓》，《湖南考古辑刊》第1辑，岳麓书社，1982年。

〔21〕 笔者目前所掌握的资料中都将这类乐器认定是筝类乐器的早期形态，如黄成元：《公元前500年的古筝——贵溪崖墓出土乐器考》，《中国音乐》1987年第3期；马成源、王子初主编：《中国音乐文物大系·上海 江苏卷》，大象出版社，1996年，第248页；柳青璧：《再论古筝源流》，《贵州大学学报（艺术版）》2017年2期；齐迹：《中国"古"筝源流初探——以出土筝为主要研究对象》，沈阳音乐学院，2020年；朱国伟：《汉代乐器乐器形制的演变考察之四：筝》，《乐器》2019年4期。

〔22〕 参见江西省博物馆官方网站：http://www.jxmuseum.cn/collection/jpxs/77a7df1efbc1eeaf07478b0a27609609/80cfa353-58be-11ed-8724-005056ae3ac8。

古琴与英雄审美

罗依尔

吴文化博物馆里有一件非常帅气的文物，虽然有所残缺，但是帅得完整。单看标签上的文物名字就很简约：古琴，战国（图1）。想象一下，如果是"清乾隆，绿地粉彩婴戏纹双螭耳撇口瓶"，这些字读起来就感觉有些头晕目眩，和看到乾隆的彩瓷是一样的体验。话痨明显有损帅气属性，流川枫不就很省话吗？赞美和自夸之词留给观众和粉丝去说就行了。

"战国"二字给人一种乱世中百家争鸣的史诗意象，但相比乾隆，连小学生听到都会脱口而出三个字——"乱敲章"。断代明确的先秦古琴非常稀有，战国加古琴四字已经说明了一切。就和嘉宾介绍一样，如果是周杰伦参加活动，这三个字下面还需要什么介绍吗？整条招募推文只要写"周杰伦会来"就够了，粉丝连价格都不会看的。

可能真的是越极简越帅，侃爷出名后就改名成"爷"了，如果改成"厉害了你侃爷"就会像个十八线模仿艺人。

吴文化博物馆同人高度理解了这把古琴的好，就像优秀的经纪人那样升华了它的帅气：独立的展柜，水晶般的透明底座让射灯的光线变得更加柔和玄幻，反射在展柜底座上，让整个场景充满了空灵感。底座把这把古琴呈现得低于视平线，让人回想起那个没有椅子的时代。

接着，古琴也会让我们联想起演奏者。伯牙的灵魂知音子期死后，伯牙仰天长叹世上再也无人能理解他的音乐，就破琴绝弦，再不鼓琴。这故事如今听

图1　古琴　战国　吴文化博物馆藏

图2 摔琴谢知音图 南宋 刘松年（传）

图3 古琴局部 战国 吴文化博物馆藏

图4 抚琴陶俑 东汉 上海博物馆藏

图5 陶抚琴俑 东汉 故宫博物院藏

图6　伯牙鼓琴图（局部）　元　王振鹏　故宫博物院藏

起来也酷似摇滚乐队歌手的行为模式——摔吉他的桥段，告别演唱会都成了乐手传说的一部分。破琴绝弦，这四个字很适合成为观看这架战国古琴的心中意象。远看似乎完整，但是近看，除了主体残存，其他部分几乎都损坏或者消失了，这种缺失给了古琴一种悲壮和历经风雨的感觉（图2—图3）。

古琴挺帅，不过演奏者的图像以现在的眼光看似乎没那么帅。抚琴俑当中有很多精品，不过怎么看都像能为人们带来欢笑的喜剧明星，乖巧可爱，当表情包都不用P图（图4—图5）。在很多古画中，伯牙都像一个德艺双馨的老艺术家，用纤细的臂膀和手指拨动着琴弦（图6）。

图7　竹林七贤与荣启期砖画　南朝　南京博物院藏

说到古琴相关的故事，自然也少不了竹林七贤当中的嵇康。嵇康太适合当动画片主人公了：不化妆，不洗头，还能帅得龙章凤姿，更别提还有打铁这种荷尔蒙浓郁的习惯。就在离魏晋不太远的南朝，一个高级墓葬中出土了竹林七贤的大型砖画（图7）。

这听起来像考古新闻，但细品一下却像是"某皇室在生前就决定要和自己追的偶像团体在地宫中永眠"这样的娱乐新闻。能如此光明正大地追星是很有勇气的事情，在日本动画片里，宅男遇到事故临终前最后一句话是："请帮我把电脑硬盘销毁了。"

这些砖画的存在也可以理解为，南朝时竹林七贤已经是刘德华般的普世偶像了，在饭桌上和家人聊也不尴尬的那种，甚至接近于宗教偶像，可谓真正的男神。嵇康的死法的确也有为自由殉教的味道。想象他临刑前最后那曲《广陵散》，满脑子都是电影大片高潮部分那些惊人的镜头和特效。可惜我们视觉刺激的阈值已经太高了，砖画上的嵇康乍看更像退休干部周日在公园树荫下大秀琴技，脑门上冲天的发际线还伴着十来根桀骜不驯的头毛。

其实这组砖画的线条非常漂亮，设计原稿肯定是人物画的杰作，就像那些顾恺之的作品。但如今大家精心欣赏线条的耐心已经很少了，更想一眼就能看到具体的美丽肉身。西方古代的阿波罗雕像就很符合今天的小鲜肉标准。

西方雕塑突出一个"肉"字，男性雕塑几乎个个是肌肉男，因为他们把健身当成对诸神的敬奉。在古代雅典奥林匹克盛会中，男人们浑身涂上橄榄油，扭打在一起后决出体能最好的那个，运动冠军也就成了最有神性的人。古希腊男性雕塑按身材可以粗略分为浑身腱子肉的胡子大叔，比如宙斯、波塞冬这种父权角色，和肌肉线条柔美的"小鲜肉"，有阿波罗、酒神等年轻的神和英雄。

阿波罗要是穿越到洛阳去，应该也会像嵇康一样受到粉丝的围堵，毕竟他会弹琴，也有雌雄莫辨的"龙章凤姿"。凝视战国古琴，会让人获得精神上的升华，盯着阿波罗看估计会感到肉体的堕落。从头到脚打量那些希腊雕塑就会本能地获得与柏拉图式恋爱完全相反的东西。小学男生们在美术课上看到维纳斯的幻灯片也能相视窃笑一阵，"男性凝视"是不需要学的。无独有偶，似乎女生们看好莱坞超级英雄电影时，品鉴那些紧身衣下呼之欲出的胸大肌也是水到渠成的（图8—图9）。

西方英雄的身材和叙事几千年来好像也没太大改变：《荷马史诗》里年轻的奥德修斯历经磨难，在冒险中打败各种怪兽，完成自我，荣归故里，这剧情能套用到太多的大片中。别忘了西方还有基督教的救世主叙事，《圣经》中，

图8　古罗马奥古斯都时期阿波罗壁画
　　　壁画和雕塑一样充满"肉感"

图9　法尔内塞的阿波罗　2世纪
　　　阿波罗头部是后人添加的，身体是古罗马女
　　　性雕塑

耶稣为了救赎众生，被钉在十字架上；钢铁侠为了挽救一半众生，牺牲了自己。用这种眼光来看，好莱坞简直是西方传统文化教育基地，奥斯卡是评特级教师的。

　　这也侧面证明了，在这个充满视觉诱惑的时代，观看战国古琴，就是选择和欲望斗争，正如嵇康不愿意入世，宁愿怀才不遇。整架古琴，几乎只留下了木材本身的颜色和头尾些许黑漆。在设计比例上，琴身本来就瘦长，槽与头尾的长度比例相较于黄金3∶7更加极致，呈现出8∶2。透明底座的低矮让琴与展柜的高度也形成了二八比，让柜中留下了大量的空白，只有光从上方的空隙中射入。

这样的留白可能就是想象中的琴声，委婉地诉说着"但识琴中趣，何劳弦上声"的老庄哲思，这种哲思也正是伯牙和嵇康所毕生追寻的。理解了这留白后，不管是纯白的抽象画，还是日后约翰·凯奇那惊世骇俗的"4分33秒"，似乎也挺好懂的。

请放心，和欲望斗争的结果肯定不是虚无，起码能让我们获得审美品位与心灵平静。想象一下，任何空间内只要罗马雕塑一多放，稍有不慎就会生成酷似娱乐会所的拉斯维加斯审美。但在任何空旷的场景中，只要有一把朴素的古琴，意境自然会填满空间。坂本龙一患病后的宣传物料，几乎都是黑白照片，脸上只留下大量阴影，看起来和他晚年的音乐一样极简。"教授"似乎已经做好了像嵇康那样名留青史的准备，那些照片和专辑日后也会被各地的博物馆收藏吧。

用天人合一的自然观来看那些古画中没有肉感的扁平小人，就能理解他们是真的想和大自然融为一体，所以才会躺在地上，衣冠不整，袒胸露乳，和不洗澡的嵇康一样，呈现出终极的自然状态（图10）。

在艺术家谈博闻描绘未来的作品中，我们能看到这种文人英雄主义的健在（图11）。今天，画中的"汉服小哥哥"形象，已随着古装影视剧和国创动漫印入了大家的文化记忆中。他身处杂乱的赛博朋克都市之中，背后高楼的霓虹灯有些刺眼。但主人公沉浸在自己的音乐里，专心抚琴，用一己之力与整个世界对抗。哪怕远离自然，只要身后有山水屏风，闭上眼睛也能进入伯牙的高山流水。那些还没红的独立音乐UP主，似乎更接近古代文人的气质。有人在争论这把乐器到底是琴还是筝，但一个年轻人不管背的是电吉他还是电贝斯，都代表了一种态度，不是都很帅吗？

五色令人目盲，五音令人耳聋。

当我们能静心欣赏这战国古琴的时候，才能真正听见、看见（图12）。

图10　听琴看瀑图（局部）　夏圭（传）　南宋

　　　　看，国宝：吴地文物再想象

图11　鹤立鸡群2077　谈博闻

图12 乐 谈博闻

　　　看，国宝：吴地文物再想象

枫桥狮子山一号墓出土青瓷扁壶刍议

姬美娇

　　1976年3月，吴县文物管理委员会在枫桥狮子山东麓清理了三座墓葬，分别编号为 M1、M2、M3。[1] 1979 年又在此处清理了一座墓葬，编号 M4。[2] 四座墓葬呈一线分布，其中 M3 早年被盗，墓室已毁，M2 虽也被盗，但墓室保存尚好，M1 和 M4 保存完好。

　　狮子山 M1、M2、M4 皆为砖结构双室墓，其中 M1 由封门墙、墓道、前室、甬道、后室和耳室组成，在其封门墙中发现"元康五年七月十八日"铭纪年砖一块（图1）。M1 出土文物共计 65 件，大部分为青瓷器或者铜器。苏州吴文化博物馆收藏的一件青瓷扁壶（图2）即出土自狮子山 M1 后室右前角。

　　此壶高 25.8 厘米，口径 5.4 厘米，腹宽 23 厘米，足宽 19 厘米。器身呈扁圆形，方唇直口，饰凹弦纹一道，肩部以联珠纹和菱形网格纹组成装饰带。前、后腹面饰以鸡心状联珠纹开光，并于开光上端下凹处贴塑铺首衔环各一个。肩部左右有一系耳，腹部各有系耳。椭圆形高圈足，外撇。表面施茶绿色透明釉，圈足底内不施釉，露胎处呈褐红色。总体看来，这件青瓷扁壶形体浑厚，釉色滋润，装饰精细，制作精湛，且与带有绝对纪年的封门砖同出一墓，历史、艺术、文物价值极高。本文将结合以往论点对这件青瓷扁壶（下文称狮子山青瓷扁壶）的年代与器主、产地与名称、功能与文化因素等予以介绍和补充说明。

图1 枫桥狮子山M1出土纪年砖
砖侧面模印阳文反字"元康五年七月十八日"九字

看，国宝：吴地文物再想象

图2　枫桥狮子山M1出土青瓷扁壶的多角度照片

一、年代与器主

　　狮子山清理的四座墓葬中虽然没有发现墓志铭和买地券，但是除 M1 发现了纪年为"元康五年七月十八日"的封门砖外，M2 也发现多件"元康三年四月六日庐江太守东明亭侯主簿高勑作"铭纪年砖（图 3）和一件带有"元康二年润月十九日超（造）会稽"纪年铭文的青瓷人物百戏堆塑罐（图 4），M3 也出土了一件带"元康"铭文的青瓷楼阁人物鸟兽堆塑罐（图 5），M4 同样出土了一件青瓷楼阁人物鸟兽堆塑罐，其上铭文与 M3 堆塑罐接近，这些为狮子山墓葬的年代推断提供了重要证据。

　　历史上使用"元康"年号的皇帝有两位，分别是西汉宣帝和西晋惠帝。前者"元康"年号仅使用四年，后者"元康"年号使用九年，显然狮子山带铭器物的制作年代应在西晋惠帝时期，即西晋的中晚期。墓砖与堆塑罐都属于丧葬用器，专为建墓和随葬使用，其制作年代应与墓葬年代接近，故狮子山墓葬年代也应为西晋前后。

　　学者曾根据 M2 纪年砖上的铭文结合《晋书》《吴县志》的相关记载考证，墓砖铭上的"东明亭侯"指傅隽，"主簿高勑"则可能是帮办

图3　枫桥狮子山M2出土纪年砖
砖侧面模印阳文反书"元康三年四月六日庐江太守东明亭侯主簿高勑作"

图4　枫桥狮子山M2出土青瓷人物百戏堆
　　　塑罐及局部
　　　该罐肩部堆塑龟趺驼碑一座，碑上
　　　刻铭文"元康二年润月十九日超
　　　（造）会稽"

图5　枫桥狮子山M3出土青瓷楼阁人物鸟兽堆塑罐

　　该罐肩部堆塑龟趺驼碑一座，碑额铭"元康"二字，下分三行，分别为
"出始宁，用此靈""宜子孙，作吏高""其乐无穷"

丧事的僚佐，M2 的墓主人"很可能是傅长虞及其家属"[3]。也有学者认为傅咸（长虞）卒于元康四年（294），晚于 M2 砖铭的元康三年（293），以傅咸（长虞）普通官员的身份，没有事先准备墓砖之理，并且按惯例，在墓砖上勒名刺字的帮办丧事者当系墓主生前亲近的属官僚佐，所以墓主可能就是"东明亭侯"傅隽。[4]综合来看，后者的说法更为合理。晋时流行聚族而葬的习俗，狮子山四座晋墓的规模、形制、随葬品组合较为一致，应同为傅氏家族墓地。据此，狮子山青瓷扁壶的年代为西晋无疑，器主应为傅氏家族成员。

傅氏是从北地迁徙而来的侨姓世家大族，在汉末至两晋时期相当活跃。生活在西晋时期的傅氏家族人物，主要有傅玄、傅咸父子，以及傅嘏子傅祗。[5]《吴县志》卷六十二名宦录中称"傅咸，字长虞，北地人，咸宁中累迁尚书右丞、吴国内史，吴郡顾荣与亲故疏曰'傅长虞劲直忠果，虽非周才，亦足贵也'"[6]。狮子山 M2 墓主人傅隽乃傅嘏之孙、傅祗兄子。《晋书·列传第十七》载："（傅祗）以讨杨骏勋，当封郡公八千户，固让，减半，降封灵州县公，千八百户。余二千二百户封少子畅为武乡亭侯。又以本封赐予兄子傅隽为东明亭侯。"[7]过去一般认为，北地傅氏渡江南迁是在永嘉之乱（311）后，狮子山傅氏家族墓地的发现或可将其南渡时间推前。

二、产地与名称

魏晋南北朝是中国青瓷烧造技术发展的高峰期，彼时青瓷器取代陶器成为墓葬的主要随葬品。烧造青瓷的窑址，主要在南方，其中以浙江窑址分布最为密集。[8]狮子山四座墓葬出土青瓷器的材质、釉色接近，大概出自同一窑口。M2、M3 出土青瓷堆塑罐上的铭文"超（造）会稽""出始宁"是对这批青瓷器产地的记录。学者考证，"始宁"指地名，属于会稽郡，地理位置在今浙江

图6　金坛出土上虞窑青瓷扁壶
　　　图源：镇江博物馆

图7　上虞西晋墓出土青瓷鹿纹扁壶
　　　采自《中国文物精华大辞典　陶瓷卷》，第
　　　201页，图070

省上虞县西南。[9]上虞地区是越窑青瓷的重要产地，其窑场主要分布在曹娥江中下游两岸，这里依山傍水，瓷土和燃料丰富，交通便捷，烧窑条件极为优越，因此成为汉六朝时期窑址的中心分布区。[10]

　　除狮子山晋墓外，在江苏、浙江等地其他三国西晋墓葬出土的青瓷器上也常见"出始宁""上虞""会稽"等铭文字样。[11]如1970年，江苏金坛县出土一件三国时期的上虞窑青瓷扁壶（图6），其一侧腹部上方刻划一装饰图案，下方刻写"紫是会稽上虞范休可作坤者也"十三字，另一侧腹部上方也刻划一装饰图案，下方刻写"紫是鱼浦七、也"六字。"紫是"就是"此是"，在浙江方言中"此"音读"紫"。"会稽上虞"是地名，即今浙江上虞。"范休可"是窑工的名字。"坤"即这件青瓷扁壶的自名。"鱼浦"是上虞县境内的湖名。[12]此扁壶自铭产地、工匠名、器名，对判断同类青瓷扁壶的年代、窑口具有重要意义。

　　无独有偶，1972年上虞西晋墓出土青瓷鹿纹扁壶一件（图7），其圈足底一侧阴刻"先姑坤一枚"题记，同样是自铭为"坤"。[13]狮子山青瓷扁壶与上虞西晋墓这件青瓷扁壶的造型近乎一致，年代也接近，故狮子山青瓷扁壶的名称也应为"坤"。可以作为佐证的是，1956年江西省博物馆收集了一件自铭"铜钾"的西汉青瓷扁壶。[14]1975年江陵凤凰山汉墓出土的一件漆扁壶自铭"大柙"。[15]历史上扁壶流行时间很长，两汉魏晋时期的扁壶系一脉相承发展而来。[16]可见汉晋时期，"坤""钾""柙"是对不同材质扁壶的称呼。

三、功能与文化因素

　　扁壶是古代盛水、盛酒的器物，口小腹大，腹部呈扁圆、扁方或扁椭圆形，有陶、铜、漆、瓷等不同材质，从考古发现来看，陶质扁壶最先出现。20世纪50年代，考古工作者曾在四川新凡县西周时期的水观音遗址中采集到两件夹砂粗红陶扁壶，椭圆形口，肩部有两小耳，耳上有穿孔，制法是先将两半分开轮制，再将两半粘合起来，然后在一端开口，整体造型比较原始（图8）。[17]崔敏霞认为中国陶扁壶的出现很可能是受到了新石器时代带双耳的尖底瓶和葫芦瓶的启发，器身带系耳是为了便于穿绳携带。[18]西周至春秋时期，扁壶发现数量较少，战国时期扁壶数量增多，器型更为成熟，以铜、漆材质为主，汉代以后扁壶的材质和器型都更加丰富。至于战国扁壶的造型来源是不是西周时期水观音遗址式样的陶扁壶，目前还没有定论；二者若有关联，中间应该有比较大的形态变化断层。

　　袁胜文曾根据陶瓷扁壶的造型及纹饰变化将汉代至明清的陶瓷扁壶分为两汉魏晋、北齐至隋、唐五代、宋辽金时期、元代、明清六期，并指出各期扁壶

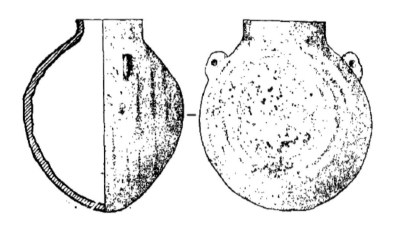

图8　四川新凡县水观音遗址陶扁壶
采自：《四川新凡县水观音遗址试掘简报》

间少有关联，各有源头。在他看来，汉晋瓷扁壶是中国传统铜、漆扁壶的延续，
而北朝至唐代流行的扁壶式样是外来文化影响的产物。[19] 冯恩学称汉晋时期
的青瓷扁壶"带有农耕文化的情愫"，北朝至唐代流行的扁壶则带有强烈的西
域胡风。[20] 我们认同上述观点，从造型来看，汉晋时期的扁壶确为汉文化的
产物，但是同时也融合了多元的文化因素。

　　以吴文化博物馆收藏的这件狮子山青瓷扁壶为例，一般认为，扁壶上附加
系耳很有可能是借鉴了游牧民族用来装水、装酒、盛奶，方便马上提拿、携带
的皮囊壶，而狮子山青瓷扁壶，除了其肩、腹部带系耳外，底部呈喇叭形圈
足，既可悬挂、手提，亦可平稳放置，可见是融合了草原游牧文化元素与汉文
化元素的产物。装饰纹样上，狮子山青瓷扁壶采用了铺首衔环、菱形网格带纹
与联珠纹的组合纹样。铺首衔环是用范印的铺首贴片贴附而成的，菱形网格带
纹是用圆筒形滚模在坯体未干时压印而成的，联珠纹则是用带齿状口的圆管戳

成的。[21]铺首衔环是中国传统的装饰纹样，是典型的汉文化元素。[22]以菱形为代表的几何网格纹也是中国传统的装饰纹样。联珠纹则是萨珊波斯时期的典型纹样，[23]杯形口加项链式的联珠纹是萨珊文化胡瓶的常见形态。[24]这是狮子山青瓷扁壶受到域外文化因素影响的体现，同汉代丝绸之路开通以来及西晋大一统环境下中国与西方密切的经济、文化交流有关。

　　狮子山式样的青瓷扁壶流行时间集中在三国西晋时期。西晋灭亡以后直至隋唐大一统帝国建立之前，中国长期处于南北对峙、政权更迭频繁、战乱频仍的阶段。这是中华民族经历长期痛苦的时期，同时又是华夏文明与外来文明、农耕文明与游牧文明不断碰撞、交流、融合的重要阶段。与此同时，狮子山式样的青瓷扁壶不再是陶瓷扁壶的主流器形，取而代之的是带有浓烈异域风韵的"胡风扁壶"。

〔1〕　吴县文物管理委员会张志新：《江苏吴县狮子山西晋墓清理简报》，《文物资料丛刊》第3辑，文物出版社，1980年，第130—138页。

〔2〕　吴县文物管理委员会：《江苏吴县狮子山四号西晋墓》，《考古》1983年第8期。

〔3〕　吴县文物管理委员会张志新：《江苏吴县狮子山西晋墓清理简报》，《文物资料丛刊》第3辑，文物出版社，1980年，第130—138页；吴县文物管理委员会：《江苏吴县狮子山四号西晋墓》，《考古》1983年第8期；吴县文管会张志新：《吴县狮子山西晋墓出土文物及其意义》，《苏州文物资料选编》，昆山新光印刷厂，1980年，第85—86页。

〔4〕　韦正：《简论西晋时期的南北氏族墓葬》，《东南文化》1994年第4期。

〔5〕　柳春新：《论汉晋之际的北地傅氏家族》，《史学集刊》2005年第2期。

〔6〕　曹允源、李根源：《中国地方志集成 江苏府县志辑12 民国吴县志2 民国续吴县志稿》，江苏古籍出版社，1991年，第2页。

〔7〕 （唐）房玄龄等：《晋书》，中华书局，1974年，第1331页。

〔8〕 罗宗真：《魏晋南北朝考古》，文物出版社，2001年，第176—177页。

〔9〕 吴县文物管理委员会张志新：《江苏吴县狮子山西晋墓清理简报》，《文物资料丛刊》第3辑，文物出版社，1980年，第130—138页。

〔10〕 郑建明：《21世纪以来秦汉至南北朝时期瓷窑址考古新进展》，《文物天地》2018年第8期。

〔11〕 杜文：《三国西晋时期青瓷罐上的堆塑碑铭及相关问题》，《碑林集刊》2002年1期；叶玉奇：《江苏吴县何山出土晋代瓷器》，《东南文化》1989年第2期。

〔12〕 宋捷、刘兴：《介绍一件上虞窑青瓷扁壶》，《文物》1976年第9期；镇江博物馆官网：https://www.zj-museum.com.cn/zjbwg/zjbwg/zs/jpww/tcq/2016/10/31/0b609a9a57fc12f00158199ff83c2645.html。

〔13〕 国家文物局主编：《中国文物精华大辞典 陶瓷卷》，上海辞书出版社、商务印书馆（香港）联合出版，1995年，第201页。

〔14〕 彭适凡：《江西收集的西汉铜钲》，《文物》1978年第7期。

〔15〕 凤凰山一六七号汉墓发掘整理小组：《江陵凤凰山一六七号汉墓发掘简报》，《文物》1976年第10期；吉林大学历史系考古专业赴纪南城开门办学小分队：《凤凰山一六七号汉墓遣册考释》，《文物》1976年第10期。

〔16〕 袁胜文、李钰：《陶瓷扁壶的类型与分期》，《南方文物》2012年第3期；袁胜文：《陶瓷扁壶的源流》，《中国国家博物馆馆刊》2016年第10期。

〔17〕 四川省博物馆：《四川新凡县水观音遗址试掘简报》，《考古》1959年第8期。

〔18〕 崔敏霞：《略谈扁壶》，《文博》2006年第1期。

〔19〕 袁胜文：《陶瓷扁壶的源流》，《中国国家博物馆馆刊》第10期。

〔20〕 冯恩学：《胡风扁壶的时代风格》，《北方文物》2013年第2期。

〔21〕 李刚：《六朝越窑瓷器的装饰艺术》，朱伯谦主编：《中国陶瓷全集 第4卷 三国、两晋、南北朝》，上海人民美术出版社，1999年，第23—27页。

〔22〕 叶喆民：《中国陶瓷史（增订版）》，生活·读书·新知三联书店，2011年，第110页。

〔23〕 杨静：《萨珊波斯时期的联珠纹样探微》，杨小民主编：《亚太艺术》第一辑，南京大学出版社，2017年，第86—93页。

〔24〕 冯恩学：《胡风扁壶的时代风格》，《北方文物》2013年第2期。

青瓷扁壶与艺术里的技术革新

罗依尔

在中国众多的器物中，扁壶实属另类，但从新石器时代开始，这种器型也没有中断过。人类想要让放饮料的容器扁一点的需求应该很容易理解，就是随身携带方便，想象一下随身背着保龄球走的感觉肯定非常硌人。直到今天，春游的小学生依然背着扁扁的水壶，和新石器时代追踪野兽的先祖们一样。

吴文化博物馆这件西晋的青瓷扁壶和同时期的其他扁壶比起来异常精致（图1、图2）。壶口的菱格纹和类连珠纹的交叉设计给人一种时尚感，就好像某些奢侈品大牌的毛衣上的图案，正面的铺首就像品牌logo一样具有存在感（图3）。

铺首的心形线条非常巧妙地融合在一起，给人感觉是由于铺首的重量而压得下面的线条呈现出心形，让画面更加充满张力。这种张力呼应了扁壶器型本身"压扁"的感觉，壶主体和下方椭圆形底座连接处细细的"腰身"也回应了这种视觉张力。

这件西晋青瓷扁壶应该是源自中原传统的战国铜扁壶，但日后北朝、隋唐和西夏那些游牧胡风的扁壶给人的印象实在太强烈了。说到扁壶，脑中意象总是马背上的汉子背后背着的酒壶（图4）。

胡萝卜、香菜、黄瓜……其实，我们身边有好多古时丝路上的"西域进口产品"。

这似乎也解释了为何很多小朋友吃不惯这几样东西，毕竟江南孩子小小的消化系统不习惯这些爸妈天天逼着吃的营养食物。但也的确能理解父母的心情，

图1 扁壶 西晋 吴文化博物馆藏

看，国宝：吴地文物再想象

图2　扁壶　西晋　吴文化博物馆藏

图3　同类扁壶对比

（上）青瓷扁壶　西晋　吴文化博物馆藏

（下）青釉双系兽面纹扁壶　西晋　故宫博物院藏

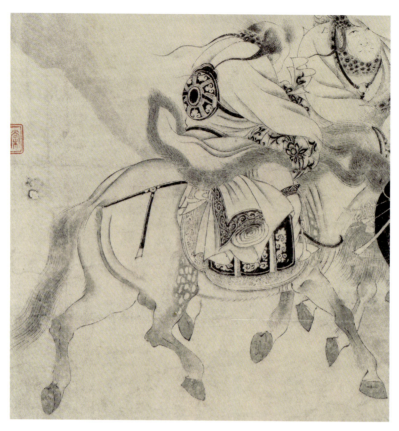

图4　《昭君出塞图》局部　金　宫素然

毕竟西域胡人、外国人普遍看起来高大健康，还可以载歌载舞。

　　炙热的阳光，奔放的游牧生活，西域是个充满幻想的地方，总能给艺术家带来灵感（图5）。马背上的视觉经验明显比在江南船上看到的景色要激烈许多。玄奘的故事传着传着就变成了《西游记》，全国各地的成功人士也不约而同地来到丝绸之路，拉起"戈壁行""重走玄奘之路"等横幅，来彰显自己的狼性

图5　马夫俑　唐　吴文化博物馆藏

图6 《狮子山 Action!》影像截图1 李季

和宏大视野。

在艺术家李季的再创作中，我们看到了视觉效果震撼的西域幻想场景：扁壶铺首变的苍狼正在袭击胡人骆驼商队（图6）。这般刺激景象的灵感可能是从西晋联想到的八王之乱和五胡乱华吧。

但镜头一转，才发现这是某个商品的广告拍摄现场，外国导演正在紧张地指挥着服化道非常精致的团队（图7）。如果这钢铁苍狼是真实布景，那估计已经是千万级的广告了。

在苍狼的旁边赫然屹立着一杯奶茶，但奶茶和西域有什么关系？仔细想想，奶制品在古代的确属于游牧文化，而茶叶正是"出口"西域的"中原产品"。但在城市中，这些对异域的幻想早就被商业化了，成了产品标签与市场定位的基础或是店铺装潢的风格。

李季的再创作方式和其他人不同，这段影像是在电脑，特别是三维建模软

图7 《狮子山 Action!》影像截图2 李季

图8 《狮子山 Action!》影像截图3 李季

图9 青铜簋 西周

件中完成的（图 8）。长久以来，在那些老牌艺术家眼中，数字绘画和影像都更像是偷懒或"画不来才用电脑"。哪怕是老牌艺术家发布的 NFT 藏品卖得很好，相信在他们自己的心目中，也不会觉得这种可复制的媒介算得上真正的艺术。

但技术革新从古至今都引导着艺术创作的发展。比如文艺复兴早期油画的发明就几乎改变了全世界的图像体系，和以前的蛋彩画相比，油画材质能让一张画变得无比真实并且能长期修改。所以达·芬奇才能把《蒙娜丽莎》放在身边画十几年，把他毕生的研究都画了进去，以此拓展了西方绘画艺术的深度。

印象派时期如果没有管状颜料的发明，莫奈也没法把大自然当成自己的画室，背个画箱就能一天画几幅画。印象派开始的各种流派，也是对照相机诞生

图10 簋式青釉香炉 南宋

的回应，因为毕竟绘画长久以来的记录功能被大幅消解了。不难理解，学院派大师肯定不待见"草草了事"的印象派和黑白低清的照相术。让西周的官员看到西晋和宋代那些用瓷仿制的青铜器，肯定会大叹礼崩乐坏吧，竟然用如此易碎的"新材料"来重现国之重器，多不吉利（图9—图10）。但历史记住了走在时代先锋、拥抱新技术的纳达尔和莫奈，也记住了原始青瓷这种看起来不那么精致的材料，毕竟它预示了瓷器辉煌的未来。

到了安迪·沃霍尔的年代，他直接用宝丽拍立得来创作，并把摄影机盯着他的名人朋友录下的视频称为"动态肖像"。那张1.95亿美元的玛丽莲·梦露丝网版画里，肯定没有任何沃霍尔的笔迹。村上隆的工作室里全是电脑，他发在社交网络上的高点赞图像，很快就会被印到各种衍生产品上。

技术革新让艺术的数量成倍增长，有达·芬奇油画的博物馆很少，但很多博物馆都有莫奈，毕竟印象派的创作更高产，更别说沃霍尔的丝网版画了。

技术也解放了新的创造力，卡梅隆为了拍《泰坦尼克号》而造了大半艘船，但之后他就用 CG 技术拍《阿凡达》了。如今的"虚幻引擎 5"扬言以后电影导演拍片不需要片场布景甚至真人了，一切都能在电脑上进行。但最近，坊间传闻导演们都找不到好的 3D 团队，因为都跑去做影响力和现金流更大的游戏去了。毕竟游戏的代入感和商业模式都在超越电影。此时此刻，有大量插画师正在抵制 AI 绘画，但可能也有很多元宇宙团队在用 AI 创作大量原本复杂的建模和绘画。

今天，年轻人对传统文化的热爱也和技术相关，因为他们与传统的相遇变得更加有趣了。博物馆中有互动性很强的新媒体展项，平板电脑上有文化类 App，视频网站里有看不尽的国创动画连载和创意无限的古风 UP 主，手机上有可以随时玩儿的国风游戏。

传统不但因为技术更加易懂，而且成为一种很酷的存在。外国的青少年也因为国人制作的动漫和游戏，从小就开始理解并喜欢中国。想象一下，五百年后的博物馆展柜中，很可能摆放的是《原神》，是《新神榜》。

但愿国宝们也能像一个个主人公那样，成为年轻人心中的文化英雄，用它们饱含的历史精华来充盈一个个心灵。

观镜：唐镜的铸造、使用与鉴赏

姬美娇

　　铜镜是青铜文化的重要构成。中国铜镜至少在距今四千年前的齐家文化时期就已出现，随后缓慢发展，战国时广泛流行，在两汉和隋唐时期达到繁荣和鼎盛，从唐末五代起铜镜铸造渐趋衰落，至清代中晚期玻璃镜出现以后，铜镜逐渐退出历史舞台。在漫长的铜镜发展史上，唐代是我国铜镜发展的空前兴盛期。存世的唐镜数量非常可观，这些铜镜不仅铸造精美，装饰纹样也富有特色，充分显示了时人高超的铸镜工艺和独特的审美意趣。本文结合史籍文献与存世唐镜的形态特征、出土情况等探微唐镜的铸造和使用，并对吴文化博物馆收藏的一枚双鸾瑞兽纹铜镜进行细致解读。

一、工艺提升铸明镜

　　公元581年，隋朝建立，589年隋灭陈，结束了三百多年南北分裂的局面。继之而起的唐朝，国家统一，社会安定，经济繁荣，文化开放，手工业也在此时迎来了最佳发展期。单从铜镜来看，唐镜品质远超前代与后世，主要表现在两个方面：一是铜镜硬度高且光亮耐磨，二是铜镜的造型与装饰更趋百花齐放。内在原因是铜镜铸造技术的进步。

　　唐代使用范铸法铸镜，包括从设计模具、制作母模、制范、烘范到配置合金、熔炼合金、浇铸成镜以及表面处理等一整套流程，其中合金配比与表面处理是决定铜镜质量的关键。

（一）合金配比

铜镜是以铜锡合金为主的金属制品，先秦时期已有关于铜镜合金配比定量关系的明确记载，以《周礼·考工记》[1]最为可靠。《考工记·六齐》言："金有六齐：六分其金而锡居一，谓之钟鼎之齐；五分其金而锡居一，谓之斧斤之齐；四分其金而锡居一，谓之戈戟之齐；三分其金而锡居一，谓之大刃之齐；五分其金而锡居二，谓之削杀矢之齐；金、锡半，谓之鉴燧之齐。"此处"金"即是铜，"齐"同剂，"鉴燧"即镜子和阳燧[2]，"金锡半"指制作铜镜的铜锡配比，至于"金锡半"的具体含义，学术界有不同的理解。[3]可以肯定的是，铜锡配比差异势必会影响所制铜器的性能，铸造铜镜所需的含锡量也确实高于其他类型的青铜器，并且除铜锡外，铜镜的铸造还需要加入其他金属元素，比如铅。

对多面铜镜的成分进行化验后发现，不同时期铜镜的合金配比不同，唐镜的合金配比大体稳定在铜平均69%，锡平均25%，铅平均5.3%。从现代冶金铸造学的角度来看，这一冶金配比是科学的、合理的，以此标准铸造出来的铜镜质地坚硬，经研磨抛光后，银白光亮，有很好的映照效果。与之相反的是，宋代及以后的铜镜，不仅成分上含锡量减少，含铅量和含锌量增加，而且不同铜镜之间的合金成分差异较大，没有稳定的铸镜规范，由此铸造出来的铜镜较之唐镜质地软且颜色发黄发暗，映照效果差。[4]

（二）表面处理

铜镜的表面处理包括刮削、研磨和"开镜"。齐家文化到西周时期的铜镜铸成以后，大多只经过刮削、研磨，没有"开镜"环节，因此这一阶段的铜镜虽然能够使用，但映照效果差，出土时往往腐蚀严重。东周以来的铜镜，除刮削、研磨外，普遍经过"开镜"处理，相应地，此阶段的铜镜映照效果好，出土时一般受蚀较轻，尤其是战国汉唐铜镜，皮相常呈现出黑漆色或青黑色、银白色光亮，俗称"黑漆古""绿漆古""水银沁"。何堂坤经过检测实物，发现一般铜镜表面成分的最大特点是含锡量高，含铜量低。他认为铜镜表面的高锡层是通过"开镜"镀上去的，诸般皮相颜色则是在腐蚀过程中自然形成的。[5]"开镜"的基本工艺是用汞齐涂附法来镀锡，步骤是：（1）先清理镜子表面；（2）把配置好的"锡汞齐"涂附到镜子表面上去；（3）排汞、打光。正面要打光到可清晰地照见人影，背面稍光即可。[6]存世唐镜皮相以"绿漆古""水银沁"居多，这也成为唐代铜镜的一大标志。

（三）造型与装饰

得益于精进的铸造技术，唐代铜镜在造型上也突破了此前的圆形、方形镜制，出现了菱花式、葵花式、圆角方形、方亚形等花式镜。除一般大小的镜子外，唐代还有直径大过一尺二寸的大型镜子以及如一般银币大小的小型镜子。[7]装饰上，唐镜纹样出现了许多新题材，如海兽葡萄、双鸾衔绶、雀绕花枝、宝相花等，并且风格一改前代繁复、拘谨、呆板的特性，转而变得简洁、清爽、活泼。如花鸟镜的图案刻画写实、传神，充满强烈的生活气息；又如人物故事镜，大多依情处事，绘影传神，颇具诗意。

此外，唐代还出现了金银平脱镜、螺钿镜、贴金贴银镜等特种工艺镜，具体的装饰技法与呈现形式学界多有讨论。[8]此处不再赘述，概言之，是在铜镜铸成以后，在镜背镶嵌金银花饰片或螺蚌贝壳饰片或金板、银板等附加装饰，使得镜背看起来金光闪闪，异常华美。唐代特种工艺镜美则美矣，但是制作成本高，极尽奢侈浪费，主要供皇室使用，在唐玄宗及其稍后一段时期一度非常流行。安史之乱爆发后，唐王朝盛极而衰，国力空虚，肃宗李亨曾明令"禁珠玉、宝钿、平脱"[9]，其后代宗李豫再次下令"诏戒薄葬，不得造假花果及金手（平）脱、宝钿等物"[10]，特种工艺镜由此成为禁绝之物。目前存世的唐代特种工艺镜传世精品主要收藏在日本正仓院，国内收藏的主要为考古出土品。

二、唐镜使用面面观

（一）唐镜功能

铜镜作为古代日常使用的器皿，其基本功能是"映容"，或称"照面"，也就是起到供人梳妆和正衣冠的作用。铜镜出现之前，人们主要用水照面，或就自然池湖水映照，或用陶"鉴"[11]之类的器具盛水照面。冶金术发明以后，铜鉴和铜镜开始成为主要的照面工具，随着青铜冶铸业的进一步发展，铸镜工艺不断改进，铜镜最终成为最日常的照面工具。最初铜镜主要为上层人士使用，越至后世，在平民中越为普及。

在唐代，铜镜除了实用价值外，还具有一定的社会意义。太宗皇帝在谏臣魏征去世后曾言："夫以铜为镜，可以正衣冠；以古为镜，可以知兴替；以人为镜，可以明得失。朕常保此三镜，以防己过。"[12]在这里，镜子不仅是照容用具，更被引申为认识自我、纠正自我的工具。文献中，还有唐代君臣互赠铜镜的记载。开元十七年（729），唐玄宗在群臣表请下将自己的诞日设立为千秋节，自此至天宝元年[13]（742）的每年八月初五，全国上下欢庆千秋节。除举办盛大的宴会和观看各种娱乐活动外，千秋节上还有一项重要活动是君赐臣献，互赠千秋镜。[14]皇帝赐镜的用意在于教化臣僚，兼示恩宠，群臣献镜意在贺寿和颂德。[15]正所谓"上有所好，下必效之"，千秋节互赠铜镜在当时也发展成为一种民间习俗，在这一天，全国上下都铸造镜子，当作礼物送人。[16]唐代人还有佩镜的习惯，无论男女老少皆可佩镜作为装饰。铜镜还可作为爱情的信物，诗文作品中常有赠镜示爱的表达，"破镜重圆"也常寓指夫妻分离或感情破裂后重归于好。除此之外，铜镜也与丧葬文化有关，不少唐墓中发现了作为随葬品或辟邪之物的铜镜。

（二）使用方式

据研究，[17]铜镜的日常使用无外乎手持或借外物承托两种方式。[18]从文献记载和考古发现看，手持使用最为常见。唐李益《罢镜》："手中青铜镜，照我少年时。"洛阳北郊一座晚唐墓棺内出土一件白瓷梳妆女俑，瓷俑右手弯曲执镜于面前作照镜状，左手拿发笄作绾发状。[19]唐墓壁画中也有相关发现。陕西靖边唐杨会墓石棺内壁有一幅彩绘的仕女照镜图，图中仕女右手持镜照容，镜背系有绶带。[20]铜镜绶带实物也有发现。2005 年，吉林省延边朝鲜族自治州唐代渤海国王室墓地M13出土一件菱花形嵌银鎏金珍禽瑞兽铜镜（M13:13），出土时镜面仍光彩照人，镜背纽所系绶带尚存。[21]

借外物承托是铜镜另一种常见的使用方式，这种用镜方式使得照镜人完全解放双手，更便于梳妆和整理服饰，不少古代文献和图像资料中有所呈现，如东晋顾恺之《女史箴图》等。承镜实物至少在战国时期就已经出现，如湖北九连墩一号楚墓出土的漆木梳妆盒内装有一可伸缩的承镜支架。[22]查考文献，唐代置镜承托之物称作"镜台"或"镜槛"，如唐代著名偈子"身是菩提树，心如明镜台，时时勤拂拭，莫使惹尘埃"中就有"镜台"一词。唐代置镜实物发现较少，目前仅见河南偃师杏园李归厚夫妇合葬墓出土的一件铁镜架（M1819:17）[23]。这种镜架形式，不见于唐以前，可以说是开启了五代宋辽元时期交床型镜架的先河。[24]

（三）镜面养护

铜镜经首次"开镜"后，光可鉴人，但在长期使用的过程中，其表面的镀层与空气长时间接触后容易氧化腐蚀，影响映照效果，因此古人非常重视对铜镜的养护，而最为直接的养护方式是定期"磨镜"。唐代诗人刘禹锡《磨镜篇》："流尘翳明镜，岁久看如漆。门前负局人，为我一磨拂。"大意是说在"流尘"

的长期腐蚀下，原本明亮的镜子变得像漆一样暗淡无光，难以使用，经磨镜人重新打磨后，才恢复光亮。唐贾岛《黎阳寄姚合》诗"去日绿杨垂紫陌，归时白草映黄河；新诗不觉千回咏，古镜曾经几番磨"，也说明了铜镜是需多次打磨、重新外镀的。唐元稹《谕宝》诗"镆铘无人淬，两刃幽壤铁；秦镜无人拭，一片埋雾月"，也是说明此意。"磨镜"并不是说单纯打磨一下铜镜即可，而是先打磨再外镀，即先把铜镜表面早已氧化的镀层磨光洗净，然后再涂抹"锡汞齐"。即使是裂了的铜镜也可通过重新外镀来实现"破镜重圆"。[25]

（四）铜镜收纳

除了定期磨镜这一直接的铜镜养护方式，古人还会将铜镜使用后收纳到镜囊或镜盒内，以减缓铜镜表面镀层的氧化速度以及防止镀层划伤。唐代镜囊保存下来的实物发现不多，目前有 8 例。[26] 镜盒在古代又被称为"奁"，有单装铜镜的镜匣或镜奁，例如河南郑州二里岗唐墓出土的一件银平脱漆镜盒，镜盒木胎已残朽仅剩银饰片，一同出土的铜镜原放置于此镜盒内；[27] 也有装全套梳洗化妆用具的妆奁。妆奁多为漆木制，有方形、圆形，胎骨有木胎、藤胎等。依据现有考古资料，唐代较为流行方形妆奁，装饰华美为其时代特色。[28] 例如河南郑州伏牛南路唐代墓葬随葬铜镜置于一四方委角漆盒内，盒内除有铜镜外，还有铜笄、铜夹，以及两件瓷盒和数块白色桃形脂粉。[29] 河南偃师杏园 M2603 号李景由墓也出土了一件方形双层漆盒，由盒盖、盒身、盒内屉盘三部分组成，盒盖和盒身子母口扣合；器表用银箔平脱缠枝花纹图案；上层木屉内装木梳、金钗饰物，下层装漆粉盒、鎏金银盒、小银碗及小型鎏金铜镜。[30] 唐代圆形妆奁也有发现，例如晚唐水邱氏墓出土了一组以铜镜为主的梳妆用具，铜镜原先盛装于藤制箱奁内，奁为圆体，用细圆藤条编织而成，内外涂黑漆，惜奁体朽烂，仅余金属构件。[31]

三、双鸾瑞兽纹铜镜鉴赏

吴文化博物馆收藏了一枚唐代精品铜镜，称为双鸾瑞兽纹铜镜，也可称为鸾鸟瑞兽纹铜镜（图1）。此镜镜体厚重，重达3525克，直径26.8厘米，厚0.9厘米，属于铜镜中较大尺寸者。镜身呈八瓣菱花形，正面光亮，仍可照见人影，镜背花纹精美，皮相呈水银沁。上文对唐代铜镜的铸造和使用作了概括性介绍，下文对该镜的年代和纹饰进行解读。

（一）年代判断

1984年，孔祥星及刘一曼先生对中国古代铜镜进行了系统研究，[32]其研究成果得到了学界的普遍认可，并已成为铜镜分类、分型以及分期断代的主要依据。在此之前，孔祥星先生还曾撰文对隋唐铜镜进行了专门研究，文中依据镜背纹饰的不同将隋唐铜镜分为四神十二生肖镜、瑞兽镜等十大类；年代上将其分为三期，第一期为隋至唐高宗时期，第二期为武则天至德宗以前，第三期为德宗至晚唐时期，其中第二期分为前后两个阶段。[33]再有，1994年徐殿魁先生经过对大量唐镜资料尤其是纪年墓出土唐镜资料的梳理和排比，将唐代铜镜分为十六类，并将其发展演变分成四个阶段，即初唐期、盛唐期、中唐期和晚唐期。[34]对照来看，两位先生对唐代铜镜的分期认识基本一致，这也是现如今隋唐铜镜分期的主流观点。

吴文化博物馆收藏的这件双鸾瑞兽纹铜镜，形制与镜背纹饰接近孔祥星先生划分的瑞兽鸾鸟镜Ⅰ型与徐殿魁先生划分的鸾鸟瑞兽镜Ⅱ形C式，前者称其流行年代为武则天至唐玄宗开元时期，后者称其是盛唐期（即武则天光宅元年至玄宗李隆基开元年末）最为流行的镜类之一。因此，这件铜镜的年代定为武则天至唐玄宗开元时期应无误。

图1　双鸾瑞兽纹铜镜　唐　吴文化博物馆藏

　　　　看，国宝：吴地文物再想象

（二）形式之美

除了从圆形到菱花形的突破，吴文化博物馆这件双鸾瑞兽纹铜镜，从纹饰的元素组成、布局到艺术风格都体现了盛唐时期铜镜的形式之美。

首先，元素组成上，有瑞兽、鸾鸟、花枝、蟾蜍、雁雀、蝴蝶等，主题纹饰表现为瑞兽和鸾鸟。从唐镜纹饰的发展演变来看，鸾鸟瑞兽镜可以看作瑞兽葡萄镜与雀绕花枝镜的过渡形态。[35] 瑞兽葡萄镜又称海兽葡萄镜，古人称域外之物皆冠以"海"字。瑞兽形态各异，以似狮者为多见，又有似马、似豹、似虎、似麒麟者。"葡萄"源自西域，虽然早在西汉时期葡萄就已传入中原，但普遍种植是在唐代。[36] 唐代对外交往频繁，对外来文化持开放态度，瑞兽葡萄镜带有强烈的异域色彩。鸾，是中国古代传说中凤凰一类的神鸟。《广雅·释鸟》载："鸾鸟，凤皇属也。"《山海经》曰："其状如翟而五采文，名曰鸾鸟，见则天下太平安宁。"鸾又称为吉祥鸟，多以成双成对出现，常隐喻夫妻恩爱、家庭和谐、幸福美满、健康长寿。鸾鸟瑞兽镜，较之瑞兽葡萄镜，主题纹饰变葡萄为鸾鸟，是瑞兽葡萄镜的中式化。若将鸾鸟瑞兽镜内区二兽替换为二鸾，就是一面非典型的雀绕花枝镜，若将瑞兽与鸾鸟替换为寻常的雁雀，则是一面典型的雀绕花枝镜。雀绕花枝镜大大突破了汉代以来以龙凤麒麟等传说中的神兽神鸟入镜装饰的传统，替之以现实生活中常见的鸟类、花草作为主题装饰，是唐镜向写实风格转变迈出的重要一步。

其次，纹饰布局上，这件铜镜也反映出唐代铜镜纹饰布局的一般特点：（1）多层式，这是唐镜常见的一种构图形式，常表现为以镜纽为中心，将镜背纹饰分割成不同圈层。如这件铜镜所示，纹样从内到外分为三层：镜背中心为一伏卧蟾蜍形镜纽，内切圆将镜纽之外的纹饰分为内外两区，内区饰双鸾双兽，间饰缠枝花纹，外区分饰八组飞鸟、蝴蝶和花草纹，构图丰富，富有层次。（2）相对式，内区的双鸾双兽两两相对，外区的花草、雁雀、蝴蝶也是两两相对，相对元素的形态接近又不完全一样，例如鸾兽皆表现为同向而行，却一回首，一正视前方。（3）旋转式，内区的双鸾双兽与外区的花草、雁雀、蝴蝶绕中心镜钮顺时针旋转，双鸾双兽作行走奔跑状，雁雀呈展翅振飞状，画面生动活泼，具有强烈的运动感。（4）连续式，唐镜纹饰中常见同形或同类纹饰的重复出现，如这件铜镜中鸾与兽的重复出现，内区缠枝花与外区花鸟、蝴蝶的重复出现等都是其体现。除此之外，唐镜纹饰还有独纹式布局、对称式布局、放射式布局等。

最后，在艺术风格上，这件铜镜的形式之美体现在：（1）写实性与理想性的结合，外区是写实的花鸟蝴蝶，生意盎然，内区是想象中的神兽神鸟，寓意吉祥，反映出人们对美好生活的向往；（2）动与静的结合，静态的花草与动态的鸾兽组合出现，花草端正静雅，鸾鸟收颈挺胸、展翅翘尾，瑞兽奔跑跳跃、活灵活现，静中有动，动中有静，节奏感十足；（3）形式美与秩序美的结合，线条简练流畅，优美大气，鸾鸟、瑞兽、花鸟、蝴蝶主次分明，排列整齐有秩序，却又灵动不呆板，在镜背的尺寸空间上形成了一幅融形式美与秩序美为一体的和谐画面。

总体来看，吴文化博物馆收藏的这枚唐镜质地优良，铸造精细，造型独特，纹饰精美，令人耳目一新，充分反映出唐代铸镜工艺的快速发展及唐代社会的审美风尚，这也是盛唐经济昌盛和文化繁荣的例证，可以说一枚铜镜映照出了唐代太平盛世的光华。

〔1〕 据郭沫若考证，《考工记》是春秋年间齐国的官书。见郭沫若：《十批判书》，东方出版社，1996年，第26页。

〔2〕 阳燧是铜镜的一种，属于四面镜，用于取火，已有多处考古遗址出土此物。

〔3〕 何堂坤：《中国古代铜镜的技术研究》，紫禁城出版社，1999年，第71—75页。

〔4〕 孔祥星、刘一曼：《中国古代铜镜》，文物出版社，1984年，第114—116、177、198页；卢嘉锡：《中国科学技术史·矿冶卷》，科学出版社，2007年，第751—758页。

〔5〕 何堂坤：《中国古代铜镜的技术研究》，紫禁城出版社，1999年，第183—230页。

〔6〕 同上书，第240—241页。

〔7〕 沈从文：《沈从文说文物·器物篇》，重庆大学出版社，2014年，第19页。

〔8〕 孔祥星、刘一曼：《中国古代铜镜》，文物出版社，1984年，第167—173页；管维良：《中国铜镜史》，重庆出版社，2006年，第233—238页；贾亦显、李婷：《铜镜文化与图案》，工艺美术出版社，2007年，第37页；舟万里：《隋唐考古》，陕西人民出版社，2009年，第240—241页。

〔9〕 （宋）欧阳修等：《新唐书》卷六，中华书局，1975年，第159页。

〔10〕 （后晋）刘昫等：《旧唐书》卷十一，中华书局，2013年，第300页。

〔11〕 东周时期，盛水用的盆被称为"鉴"，后来，人们沿用了这种旧日映照容器的名称，把镜也称为"鉴"。

〔12〕 （后晋）刘昫等：《旧唐书》卷七十一，中华书局，2013年，第2561页。

〔13〕 天宝二年，千秋节改名为天长节。

〔14〕 《旧唐书》载："（开元十七年）八月癸亥，上以降诞日，燕百僚于花萼楼下，百僚表请以每年八月五日为千秋节，王公以下献镜及承露囊，天下诸州咸令燕乐，休假三日，仍编为令，从之。"见（后晋）刘昫等：《旧唐书》卷八，中华书局，2013年，第193页。

〔15〕 陈灿平：《唐千秋镜考》，《中国国家博物馆馆刊》2011年第5期。

〔16〕 王兰兰：《唐玄宗千秋金鉴节献镜渊源考析》，《陕西师范大学继续教育学报（西安）》2007年6月第24卷第2期。

〔17〕 钱柏泉：《镜台小说》，《考古》1961年第2期；周亚：《铜镜使用方式的考古资料分析》，《艺术品》2014年第8期；刘瑞霞：《镜台与镜槛——汉唐时期铜镜置镜方式刍议》，《文物世界》2018年第5期。

〔18〕 有学者指出铜镜还可悬挂使用。王士伦、王牧：《浙江出土铜镜（修订本）》，文物出版社，2006年，第15页；考古资料发现铜镜有悬挂于墓室、棺椁中的，文献资

料中也有室内悬镜以作装饰之用或辟邪的记载，但二者都不属于日常照面的使用范畴，故此处不作讨论。

〔19〕 洛阳市文物工作队：《洛阳北郊清理的一座晚唐墓》，《考古与文物》1998年第6期。

〔20〕 郭延龄：《靖边出土唐杨会石棺和墓志》，《考古与文物》1995年第4期。

〔21〕 吉林省文物考古研究所、延边朝鲜族自治州文物管理委员会办公室：《吉林和龙市龙海渤海王室墓葬发掘简报》，《考古》2009年第6期。

〔22〕 湖北省博物馆：《九连墩：长江中游的楚国贵族大墓》，文物出版社，2007年，第84—85页。

〔23〕 中国社会科学院考古研究所：《偃师杏园唐墓》，科学出版社，2001年，第219、222页。

〔24〕 刘瑞霞：《镜台与镜槛——汉唐时期铜镜置镜方式刍议》，《文物世界》2018年第5期。

〔25〕 何堂坤：《中国古代铜镜的技术研究》，紫禁城出版社，1999年，第234—238页。

〔26〕 陈倩：《唐墓中铜镜的出土状态及功能研究》，2016年郑州大学硕士学位论文，第27页。

〔27〕 郑州市博物馆：《郑州二里岗唐墓出土平脱漆器的银饰片》，《中原文物》1982年第4期。

〔28〕 刘芳芳：《古代妆奁研究》，《中原文物》2014年第6期。

〔29〕 郑州市文物考古研究所：《郑州市区两座唐墓发掘简报》，《华夏考古》2000年第4期。

〔30〕 中国社会科学院考古研究所：《偃师杏园唐墓》，科学出版社，2001年，第149—151页。

〔31〕 浙江省文物考古所、浙江省博物馆、杭州市文物考古研究所、临安市文物馆编著：《晚唐钱宽夫妇墓》，文物出版社，2012年，第65—74页。

〔32〕 孔祥星、刘一曼：《中国古代铜镜》，文物出版社，1984年。

〔33〕 孔祥星：《隋唐铜镜的类型与分期》，《中国考古学会第一次年会论文集》，文物出版社，1980年，第380—399页。

〔34〕 徐殿魁：《唐镜分析的考古学探讨》，《考古学报》1994年第3期。

〔35〕 孔祥星：《隋唐铜镜的类型与分期》，《中国考古学会第一次年会论文集》，文物出版社，1980年，第380—399页。

〔36〕 陈习刚：《唐代葡萄种植分布》，《湖北大学学报（哲学社会科学版）》2001年1月第28卷第1期。

唐镜与网红博主的流量焦虑

罗依尔

"不知明镜里，何处得秋霜。"

古时候，大老爷们照镜子观赏自己的脸可不作兴，诗歌中镜子的意象总是与秋天、白发和忧伤相关。李白照出自己"白发三千丈，缘愁似个长"，明确地提醒世人自己虽然压力大，但发量无忧。

白乐天写了十几首以镜为题的诗，虽没李白自信但更乐观，坦然分享了自己头毛的蜕变历程。 在相关诗歌中，我们见证了白居易从头发黑白相间的"二毛生镜日"到"不嫌头似雪"，然后越洗越少："飒然握中发，一沐知一少。"但对一位男性艺术家而言，外表并不重要，因为："发半秃，齿双缺，而觞咏之兴犹未衰。"最终，白氏把恼人的铜镜换了酒杯，和刘禹锡一起买醉去了，彻底告别面容焦虑："欲将珠匣青铜镜，换取金尊白玉卮（图1）。"

不知如今的学校里怎样，在前手机时代的男生群体中，照镜子的行为会被残酷地贴上女性化标签，被女生知道了倒会被归为"美"，可惜前面要加一个"臭"字（图2）。男生被允许的自我面容确认，基本是上学途中路过车窗、橱窗等大型玻璃制品时偷偷地"惊鸿一瞥"。

毕竟男儿志在四方，对古代直男食物链的顶点——皇帝来说，照铜镜看自己那是小事，照历史看时代才是大事。

"太宗常以人为镜，鉴古鉴今不鉴容。"（白居易）

唐太宗著名的"以铜为镜、以人为镜、以史为镜"，其实汉代以来就有类

图1 丰绥先兆图（局部） 清

图2 《自画像》 帕尔米贾尼诺 约1524

看，国宝：吴地文物再想象

图3 《女史箴图》宋摹本

似的表述。这样也不难理解，在典故中刘邦杀入咸阳城后看到秦始皇的四尺方镜就叫人封存起来；隋炀帝晚期似乎已经预见了自己的下场，在迷楼中照着铜屏说"好头颈，谁当斫之"。

古时男人们不但照不得自己的脸，还督促女人也别光照自己的脸，要内外兼修。

《女史箴图》中优雅地留存了美女览镜梳妆的著名图像（图3），吴文化博物馆中唐镜的陈列还原了这一场景（图4）。但仔细看她的表情并不开心，也难怪，对应此场景的箴言是："人咸知修其容，而莫知饰其性。"（张茂先）

图4　吴文化博物馆唐代双鸾瑞兽纹铜镜展示

　　《女史箴》是魏晋名臣张华写来提醒皇后贾南风不要专权的，同样的文章明显也适用于白雪公主的后妈，她若不每天都问魔镜谁长得美，而问天下事的话，那国家定能安稳不少。

　　但现实总是和道德规范唱反调，引旁人妒忌的定是外表美丽的女朋友。李白和白居易貌似也深知这点，将桃花运昭告世人："美人与我别，留镜在匣中。"

　　"美人赠此盘龙之宝镜，烛我金缕之罗衣。"

　　动画里的王子刚从大白马上下来，好像也没深度考察白雪公主的人品，看到脸直接顺势亲了上去，那一瞬间终于让人理解，恶的不是后妈，而是"看脸"的时代（图5）。

图5　姿见七人化妆　喜多川歌麿　约1790—1795　　　　图6　双鸾瑞兽纹铜镜　唐　吴文化博物馆藏

　　在这个视觉至上的时代，展厅中的《女史箴图》早没了劝诫意味。吴文化博物馆的这面唐镜和公主一样，隔着玻璃也能让人心生爱恋，它真的够漂亮。十步之遥偷偷看去，这唐镜如明星走红毯——气场巨大。它不但占了展厅"C位"，自身的尺寸和重量都非常大，保存状态也好，走进任何国际级大博物馆都能镇住场面。八瓣菱花的外形注定了它与其他镜子的不同"出身"。

　　以当代审美来看，镜背的装饰也令人赞叹（图6），由里向外的放射性构图凸显了它的开朗；在艺术工艺水平整体较高的盛唐，没有装饰过度和炫技之嫌，留白之处让人能安心看到瑞兽与花草纹所体现出的造型与线条上的高度成熟；这面武则天时代的铜镜，演绎了盛唐的性格，可完美搭配如今的新

图7　关于衬托与吸引力　张蘭

词"大女主"。

人们喜欢唐朝，说唐朝豪放洒脱。

"落花踏尽游何处，笑入胡姬酒肆中。"李白昭告天下，自己已经看惯了温带气候的桃花，但热带的大王花也有大美。转译到今天就是："被软件推送了一堆韩国女团的视频，最后还是碧昂丝更好。"

唐朝是个胡风盛行的年代，我们在长安的《职贡图》上体验过万国来朝的快感，在敦煌的经变画中见证了胡腾胡旋的舞力，连玄奘都在取经路上为中亚歌舞留下了笔墨。

本次国宝计划中，策展人邀请艺术家共同进行一项艺术实验：既然唐朝有胡风，那么干脆给唐镜加些西方艺术要素，看看有何化学反应。如是男性艺术家，想必会创作出西域女郎抱着唐镜旋转跳跃不停歇的画面，但女性艺术家会怎样

图8　关于衬托与吸引力（局部）　张蘭　▶

诠释这个命题呢？张蘭选择了为唐镜配置一副慕夏风格的镜架（图7）。

最直观的感受就是"毫无违和感"。

慕夏时代的新艺术风格（Art Nouveau）本来就受到东方平面化和装饰性的影响，这可能也是今天慕夏在中国和日本都有极高人气的原因，他的作品展现了"部分东方化的西方"，而且主题上和印象派相仿，基本没有政治和战争，描绘的是华美的生活与理想化的浪漫。

丘比特在玫瑰花中沉睡，镜架的爱情寓意非常明显，只不过这位年幼的爱神没在履行公职，象征着爱情不顺或对世俗快乐的放弃。当然，从古至今人们都顾不了这么多背后意义，看到肉嘟嘟的婴儿很可爱就够了。新艺术常用的植物性线条和唐镜上缠枝花草产生了奇妙的共鸣（图8）。

见到这幅强装饰性的再创作品，不禁让人想起今天日用品在仪式感上的匮乏。曾几何时，手机有翻盖滑盖，各牌各状，电动汽车同理。盛唐贵妇在淘宝上搜索镜子，会发现款式匮乏，几乎是镜子等于玻璃的状态，往昔那"无用"的仪式感早被成本和功能性所取代。而今天的人走到唐镜正面（图9），也会被铜镜映照出的模糊人像吓到，这千年的滤镜太过深沉，前置摄像头里的世界难道不更美吗？

与现实用品形式匮乏相对的是液晶屏幕中无尽的视觉内容。第二幅再创作回到了我们熟悉的移动互联网世界之中，我们似乎误入了一位美妆博主的闺房，镜中的她与《女史箴图》里的女主一样，并不开心（图10）。

让我们试着用唐诗来解读流量盛世下的这份焦虑。

"莫见长安行乐处，空令岁月易蹉跎。"
躺在沙发看抖音，回神过来都刷五个小时了。

图9　群兽镜台　清　台北故宫博物院藏

图10 从"你"眼中看 张蘭

图11 从"你"眼中看（局部） 张蘭

"人生在世须尽欢，莫使金樽空对月。"

醒着就得直播啊，一个人喝闷酒多浪费素材啊。

"忽如一夜春风来，千树万树梨花开。"

热点来了熬夜也要蹭，万一上热搜了，粉丝可是一千以上。

"醉卧沙场君莫笑，古来征战几人回。"

直播整活大家就别较真了，主播不红连社保都是问题。

"年年岁岁花相似，岁岁年年人不同。"

每年都有新的"药水哥"和周淑怡，但观众的需求倒没变。

"天子呼来不上船，自称臣是酒中仙。"

再红，税也得交。

　　七言律诗在 56 字中，意若冠珠，言如合璧。短视频在两秒钟内吸引眼球，把最大化的情感塞入其中。主播们个个怀着初唐边塞诗歌般的恢弘，期待着建功立业。我们能笑某些主播俗，也会被那种激情和巨大的能量所感动。网红爱用奢侈品（Luxury），奢侈品的拉丁文词根是 Luxus，意为旺盛的生命力。

　　可以想象，长时间在摄像头前燃烧激情是一种消耗，在画中我们见到了主播下播后的真实。关闭美颜灯后的昏暗房间显得有些局促，戏服、幕帘、香槟、洛可可式家具等戏剧化道具，挤压了日常生活空间，让卧室内有一种不和谐的紧张感。苹果、红唇、高跟鞋隐喻了前文提到的种种"男性凝视"，幽灵般地影响着女孩的一切，一切都为那软件中的一赞（图 11）。

镜子和摄像头是每个网红的好搭档，众多"网红展"的展品已经让位给观众本身，人人在镜子前都有一整套出片方案。镜头前的完美可能会伴着一些镜头外的自我厌恶，这种落差，最终让唐镜中的自我出现了裂痕。

如今，以流量为生的人个个要承受以前巨星般的压力，活成《世说新语》中那被看杀的玉人。没想到，要自我调节，那以人为镜的古训竟能派上用场。在博物馆中细读一件藏品，不正是以史为镜的最好方式吗？

结束语

作为吴地万年文化的珍贵见证，吴地国宝经由青年艺术家的再想象，以一种全新的视觉形象呈现在我们面前。它们或含蓄内敛，或恣意乖张；或以中国古典美学为魂，或与西方典型艺术共融。它们所带来的感官冲击与思维转向，足以让我们在传统阐释之外获得新的文化经验。

当然，对于蕴含丰富文化信息的文物而言，"看"只是我们触达国宝众多方式中的一种。博物馆的重要使命之一便是以更加开放、包容的态度让国宝走入大众视野，鼓励独立思考和多元解读，并在更广阔的维度里感受、理解文物之美。

图书在版编目（CIP）数据

看，国宝：吴地文物再想象 / 吴文化博物馆编；陈曾路主编 .--
北京：北京大学出版社，2025.8.--ISBN 978-7-301-36240-2

I. K872.5

中国国家版本馆 CIP 数据核字第 2025T1Y103 号

书　　　　名	看，国宝：吴地文物再想象
	KAN, GUOBAO: WUDI WENWU ZAI XIANGXIANG
著作责任者	吴文化博物馆　编　　陈曾路　主编
责 任 编 辑	于海冰
特 约 编 辑	陈彦鹏
书 籍 设 计	曹文涛　　袁媛
标 准 书 号	ISBN 978-7-301-36240-2
出 版 发 行	北京大学出版社
地　　　　址	北京市海淀区成府路 205 号　　100871
网　　　　址	http://www.pup.cn　　　新浪微博：@ 北京大学出版社　@ 培文图书
电 子 邮 箱	编辑部 pkupw@pup.cn　　总编室 zpup@pup.cn
电　　　　话	邮购部 010-62752015　　发行部 010-62750672　　编辑部 010-62750883
印 刷 者	北京启航东方印刷有限公司
经 销 者	新华书店
	787 毫米 ×1092 毫米　16 开本　14.5 印张　140 千字
	2025 年 8 月第 1 版　2025 年 8 月第 1 次印刷
定　　　　价	128.00 元